AMICIE

DE REINEVAL.

AMICIE
DE REINEVAL;

PAR

Mme. VICTORINE MAUGIRARD,

AUTEUR DE CLOTILDE, REINE DE FRANCE; DES SOIRÉES DE SOCIÉTÉS, ET DU RÊVE ALLÉGORIQUE SUR LES FLEURS.

Les passions nous entraînent, la raison nous conduit.

CONFUCIUS.

TOME QUATRIÈME.

PARIS,

CHEZ G. C. HUBERT, LIBRAIRE,

au Palais-Royal, galerie de bois, no. 222.

1823.

AMICIE

DE REINEVAL.

Tandis que madame de Rozamberg venait de profiter si habilement de l'empire qu'elle ne devait qu'à une passion insensée, pour assurer le bonheur de Saint-Léon, en l'unissant à la femme charmante qui est si digne de la remplacer dans ses affections, retournons auprès de M. de Saint-Elme, et voyons avec quelle tendre sollicitude la famille de Valmore s'empresse de lui prodiguer les soins que sa triste situation réclame. Sa maladie avait déjà pris un caractère alarmant. Ses amis le trouvèrent dans un délire continuel, accompagné des symptômes les plus funestes : il ne les reconnut point.

M. de Valmore fut saisi du plus

grand désespoir, en contemplant son meilleur ami, le seul peut-être pour lequel il eût jamais éprouvé un attachement aussi vif, prêt à lui être enlevé pour toujours. Incapable alors de modérer l'expression de sa douleur, il en fit réjaillir l'amertume sur tout ce qui l'entourait : il poussa même l'injustice jusqu'à rendre Amicie responsable du malheur dont il se voyait menacé; mais cette jeune personne, tout entière à ses craintes, ne voyait et n'entendait rien de ce qui se disait autour d'elle.

Constamment attentive à deviner ce qui pouvait soulager M. de Saint-Elme, elle passait les journées assise tristement au chevet de ce lit de douleur, sans pouvoir détourner ses regards de cette noble et touchante physionomie que la maladie semblait avoir respectée. Abîmée dans les tristes pensées que faisait naître cet affligeant tableau, elle repassait dans sa mémoire tout ce qu'elle devait à un ami si précieux et si dévoué, et ce souvenir livrait son âme aux regrets les plus déchirans, et presqu'à des remords. Elle ne pouvait se dissimuler que le chagrin avait contribué à le précipiter dans cet état déplorable; les médecins le pensaient, et les gens de M. de Saint-Elme fortifiaient par leurs raports cette opinion. Elle suivait avec anxiété ses moindres mouvemens, et cherchait jusque dans les causes de la douleur qu'il éprouvait quelques motifs d'espoir; mais elle a beau se flatter, le mal empire tous les jours davantage, et les médecins désespérant de le sauver, prononcent enfin l'arrêt fatal, et laissent les malheureux amis de M. de Saint-Elme dans la plus affreuse désolation. C'est inutilement qu'ils se sont empressés de voler à son secours, la mort, l'impitoyable mort va le frapper entre leurs bras. Amicie n'entend pas prononcer cette irrévocable sentence sans éprouver les angoisses du plus violent désespoir: sa mère cherche à l'entraîner loin de ce spectacle déchirant; mais Amicie résiste à toutes ses instances, et se plaçant près de ce lit funèbre, elle annonce avec fermeté qu'elle ne consentira jamais à s'en éloigner.

Plusieurs jours se passèrent sans apporter de soulagement au douloureux état de M. de Saint-Elme, et la durée de la crise confirma les médecins dans l'opinion qu'aucun moyen ne pouvait lui sauver la vie. Amicie avait constamment uni ses soins à ceux des femmes qui le veillaient; mais après plusieurs nuits passées dans l'inquiétude, la nature reprit ses droits. Un soir que M. de Saint-Elme paraissait reposer avec moins de souffrance, les yeux d'Amicie se fermèrent malgré elle, et un sommeil profond l'accabla. Les personnes qui l'environnaient s'empressent alors d'exécuter les ordres de madame de Valmore ; on l'éloigne aussitôt du lugubre spectacle qui s'approchait, on la transporte doucement sur son lit, où quelques heures de repos rafraîchirent son sang, et lui donnèrent la force de supporter les assauts qui l'attendaient encore.

Sa première pensée en s'éveillant fut de s'informer du malade : on évita de répondre à sa question. Troublée en songeant combien les heures qu'elle vient de passer loin de lui peuvent lui avoir été funestes, Amicie se hâte de se rendre à son appartement : mais à mesure qu'elle approche, elle est frappée de la douloureuse agitation qui se manifeste autour d'elle. On va, on vient avec les signes de l'effroi ; des pleurs coulent de tous les yeux, et l'on essaie de s'opposer à son entrée dans la chambre qui renferme l'objet de sa vive sollicitude; mais Amicie, sourde à toutes les représentations, veut y pénétrer, lorsque la présence de M. de Valmore, qui s'élance au-devant d'elle, la force de s'arrêter. « Où allez-vous ? s'écrie t-il ; vos soins sont désormais inutiles ; M. de Saint-Elme est mort. »

A ces mots, Amicie tombe sans connaissance : on la transporte sur son lit ; sa mère lui prodigue les plus tendres soins ; mais elle ne revient à elle que pour retomber dans un profond accablement. Le médecin s'empresse de lui donner tous les secours que sa situation exige, et il engage madame de Valmore à se tranquilliser, en l'assurant que l'état de sa fille ne sera ni long, ni dangereux, qu'il est seulement essentiel de ne pas troubler son repos.

Madame de Valmore cède aux avis du médicin, et laisse sa fille retrouver dans ce pénible sommeil la force qui lui sera si nécessaire au moment de son réveil.

Les habitans de cette triste demeure emploient les restes de ce jour désastreux à s'occuper des détails nécessaires pour rendre à la dépouille mortelle de M. de Saint-Elme les devoirs et les honneurs que méritait si bien le plus excellent des hommes et le meilleur des amis. M. de Valmore fit un effort pour surmonter la douleur qui l'accablait, afin de veiller lui-même à ce que tout fût, dans cette douloureuse circonstance, digne de celui qu'il regrettait si sincèrement.

La nuit vint seule mettre un terme à ces tristes apprêts, et chacun fut chercher dans un repos nécessaire une trêve à sa douleur.

Madame de Valmore se rend auprès de sa fille, qu'elle trouve dans le même accablement : inquiète des suites qu'il pouvait avoir, elle ne se retire qu'après avoir pris la précaution de laisser ouverte la porte qui communique de sa chambre à la sienne, afin d'épier ses moindres mouvemens, et de voler à son secours, s'il pouvait lui être nécessaire; mais cette excellente mère avait éprouvé depuis quelques jours tant d'inquiétude et de fatigue, qu'elle tomba bientôt elle-même dans un profond sommeil.

Il est minuit; le bruit sourd et prolongé de l'horloge du château réveille Amicie. Ses regards se portent autour d'elle avec surprise. Une lampe placée sur une table, en éclairant faiblement les objets, y répandait une teinte lugubre et sombre qui la fait tressaillir : elle ne comprend pas pourquoi elle se trouve à cette heure avancée toute habillée sur son lit. Ses idées sont embrouillées et confuses; elle cherche à les réunir, et sa sensibilité vient au secours de sa mémoire.

« Il n'est donc plus, dit-elle, cet homme excellent, cet homme dont j'ai dédaigné la tendresse, et qui s'est si généreusement dévoué pour assurer mon bonheur. J'ai refusé sa main, j'ai méconnu tout ce qu'il valait; je l'ai sacrifié, à qui? à un être léger, frivole, qui ne méritait pas un cœur comme le mien..... Et c'est lorsque ses vertus et sa bonté avaient conquis mon âme, que je le perds pour toujours! Ah! Charles, c'est dans cet instant que je sens le mal irréparable que m'a fait ton fatal amour, car il m'a privé de l'ami le plus parfait et le plus tendre.

Ici les beaux yeux d'Amicie furent inondés de larmes.

« Est-ce que le baron de Mercourt aurait dit la vérité? est-ce qu'en effet *l'amour n'aurait d'autre guide que la folie?*... Non, non, il se trompe. Le véritable amour est guidé par la raison; c'est la passion seule qui se laisse conduire par la folie... Il était réservé à M. de Saint-Elme de m'en faire connaître la différence.... O mon Dieu!

puisque vous n'avez dessillé mes yeux qu'au moment où il n'était plus possible de réparer mes torts, je jure de rester fidèle à la mémoire de M. de Saint-Elme, et de ne donner à personne la place qu'il occupait dans les affections d'Amicie. Oui, Amicie renonce pour jamais à tous les liens qui pourraient altérer la pureté du vœu qu'elle vient de former, et qu'elle va renouveler au pied de ce lit mortuaire, où sont déposés les restes glacés du plus parfait des hommes ».

Dans l'enthousiasme de cette pieuse pensée Amicie sort doucement de sa chambre, et se dirige vers l'appartement de M. de Saint-Elme.

Le profond silence qui règne sur son passage, la sombre obscurité qui l'environne, tout porte dans son âme une secrète terreur, qui s'augmente encore à mesure qu'elle approche; elle distingue dans l'éloignement des voix qui font entendre la dernière prière.... Elle avance, elle entre d'un pas timide et tremblant, et reste saisie à l'aspect imposant qui s'offre à ses regards.

Au fond d'une pièce immense, garnie d'une sombre draperie de deuil, est placé le lit mortuaire : le drap qui le recouvre contraste tristement avec les lugubres ornemens qui l'entourent; sur une table est posée la croix qui reçut les derniers regards de celui qui n'est plus. Deux prêtres agenouillés prient avec recueillement et ferveur, et plusieurs cierges répandent sur les objets qu'ils éclairent une lumière pâle et tremblante qui augmente l'effet de cette affligeante scène.

Amicie tombe à genoux, et unit ses prières à celles qui montent en ce moment solennel jusqu'au trône du Tout-Puissant en faveur de celui qui n'existe plus que dans son souvenir... Elle s'approche de ce lit funèbre, et renouvelle avec une religieuse émotion le serment qu'elle a fait de rester fidèle à la mémoire de cet homme incomparable ; mais à peine a-t-elle achevé, qu'un gémissement sourd et prolongé semble sortir de dessous ces voiles lugubres, et répondre à sa douleur... Ses yeux se fixent avec terreur sur le drap fatal... que devient Amicie en le voyant s'agiter ?... Elle a surpris un mouvement.... elle ne s'est point trompée.... le drap mortuaire a frémi.... un cri s'échappe de son sein. Eperdue elle s'élance avec vitesse hors de ce lieu de désolation ; elle erre quelque temps au milieu des ténèbres ; mais guidée par l'instinct du cœur, elle s'arrête à la porte de la chambre qu'occupait encore le médecin.... Elle frappe avec la pré-précipitation du saisissement, on ne répond pas ; elle redouble, le médecin s'éveille. —Levez-vous promptement, dit-elle avec agitation, M. de Saint-

Elme respire encore. Le médecin hésite; mais Amicie, qui ne peut douter de ce qu'elle a vu, insiste avec tant de force, qu'il se voit forcé de céder. Il s'habille à la hâte et se laisse conduire.

Ils arrivent : le médecin s'approche, soulève le voile funèbre, et contemple avec inquiétude les traits altérés de M. de Saint-Elme. Il interroge son pouls, et découvrant vivement son bras, il se retourne du côté d'Amicie, et lui fait signe de lui donner un nécessaire de chirurgie qui était resté sur une table. Amicie l'a compris, et l'instrument secourable est déjà dans ses mains; elle s'empare d'un vase et tombe à genoux. Son cœur bat avec violence ; ses yeux interrogent ceux du médecin pour y chercher un motif d'espoir. Un mouvement la fait tressaillir .... le vase qu'elle tient est près de s'échapper de ses mains tremblantes; mais ces mots :

il est sauvé, raniment son courage. Le sang coule, Amicie le recueille avec une religieuse reconnaissance; les deux prêtres immobiles devant cette scène inattendue, avaient interrompu leurs prières, et les accens de la douleur sont aussitôt remplacés par des actions de grâces.

Le médecin veut achever l'opération qui vient de ranimer les sens de celui qui fut si long-temps plongé dans une affreuse léthargie; il a besoin d'un appareil : tout repose dans le château, et personne ne peut lui procurer ce qu'il demande. Le voile qui couvre le sein d'Amicie est par elle aussitôt mis en pièces; mais il ne suffit pas : il ne lui reste plus que le mouchoir de Charles qu'elle a toujours porté sur son cœur; elle le remet au médecin.

Tranquille désormais pour les jours de M. de Saint-Elme, Amicie se hâte de faire partager son bonheur à tout le monde; et en un instant tout le château retentit de ce miraculeux événement.

On se dirige en tumulte vers cette chambre, d'où le deuil et la douleur s'enfuient pour faire place à la joie. M. de Saint-Elme avait repris par degré ses sens, et depuis ce moment sa convalescence fut assurée.

Amicie au comble du bonheur remerciait le ciel de lui avoir inspiré la démarche qui avait sauvé M. de Saint-Elme; quelques jours avaient suffi pour rétablir ses forces et sa santé. On lui avait laissé ignorer de quel danger Amicie avait contribué à le tirer, et il se rétablit sans connaître toutes les obligations qu'il lui avait.

Mais Amicie n'avait pas oublié son serment; il avait été prononcé dans un de ces momens solennels où l'âme, dégagée de toutes les impressions terrestres, s'élève au-dessus des vains préjugés et des chimériques considérations humaines. Toute entière au désir de le remplir, elle cherchait dans les regards de M. de Saint-Elme s'il ne viendrait pas aider à sa timidité en volant de lui-même au-devant de sa confiance; mais rien n'annonce en lui une pareille disposition. En revenant à la vie, il semble avoir oublié ses anciens sentimens; sa reconnaissance se répand indistinctement sur tout ce qui l'environne, et rien d'intime ni de particulier ne se faisait remarquer pour Amicie. Comment s'y prendra-t-elle donc pour lui faire connaître les nouvelles dispositions de son cœur? et comment osera-t-elle avouer qu'une nouvelle affection en a banni ce Charles qu'elle croyait devoir y régner toujours? Le danger qu'avait couru M. de S.-Elme avait fait naître en elle un enthousiasme, une exaltation d'idées qu'avait affaiblie sa convalescence. Sa détermination était toujours la même,

mais la modestie et cette touchante retenue qui lui prête tant de charmes, était venue se placer entre elle et le sentiment qui l'animait : elle abandonna au temps le soin d'assurer son bonheur.

Un mois s'était écoulé depuis le rétablissement de M. de Saint-Elme, et M. de Valmore parlait déjà de son retour à Paris. Amicie livrée à la même incertitude, perdait tous les jours l'espoir de retrouver dans le cœur de M. de Saint-Elme ce tendre dévouement, cette affection vive et profonde dont il lui a donné des preuves si touchantes. Rien n'annonçait qu'elle fût maintenant nécessaire à son bonheur. Il ne cherchait point à se rapprocher d'elle; aucune question directe, rien qui prouve un intérêt secret. M. de Saint-Elme est calme, réservé; une mélancolie douce et bienveillante se fait seule remarquer dans son humeur, depuis sa maladie.

Amicie voyait ce changement avec un profond chagrin ; et le souvenir de la folle passion qui lui a fait méconnaître le prix du bien qu'elle a perdu la remplit de honte et de regrets.

—Il est donc vrai, disait-elle, que l'amour s'efface, que cette passion que j'ai cru éternelle peut s'éteindre, et même se remplacer. Oui, je le sens, on peut aimer deux fois, et si un premier sentiment est plus vif, plus impétueux, il cède facilement à la réflexion et au temps, lorsque l'estime et la confiance ne l'accompagnent pas. Quelle folie de croire que l'on ne peut pas se consoler! Je l'éprouve : le souvenir de Charles ne trouble plus ma vie ; je pense à lui sans émotion. Hélas! faut-il qu'au moment où un sentiment vrai et que la raison approuve s'est emparé de mon cœur, faut-il que je ne sois plus aimée! Ah! M. de Saint-Elme, vous êtes bien vengé de mon indifférence passée: que ne pouvez-vous lire dans le cœur d'Amicie!...

Absorbée par ces différentes réflexions, elle se promenait un matin sous les grands arbres qui bordaient la terrasse du château. Elle s'avance sous un massif de verdure, et se trouve insensiblement conduite vers une grotte taillée dans le roc, dont la position romantique et solitaire convenait à la situation de son âme.

Il y avait quelques instans qu'elle se reposait sous ces frais ombrages, lorsqu'elle aperçut M. de Saint-Elme qui se promenait triste et rêveur. Ses yeux fixaient la terre; ses bras étaient croisés sur sa poitrine, et toute sa personne présentait l'image de la mélancolie la plus profonde. La pâleur qui depuis sa maladie était encore répandue sur ses traits, ajoutait à l'intérêt d'Amicie. Elle suivait avec émotion ses moindres mouvemens, et ne pouvant résister à l'impression qu'elle éprouve, elle s'élance hors de la grotte. M. de Saint-Elme l'aperçoit; un léger incarnat se répand sur ses traits. Ce mouvement fut prompt et passager; il s'avance avec empressement à sa rencontre, et lui prenant affectueusement la main: — Aimable et bonne Amicie, lui dit-il, c'est donc à vous que je suis redevable de l'existence. Ah! pourquoi me l'avez-vous conservée? elle n'a plus maintenant de prix à mes yeux.... Croyez que j'apprécie le sacrifice que vous avez fait en ma faveur. Le voilà ce mouchoir qui a servi à sauver mes jours, reprenez-le, et pardonnez-moi de vous en avoir privée si long-temps; mais j'ai ignoré jusqu'à cet instant tout ce que je vous devais.

Il lui présente alors le mouchoir

de Charles; Amicie le prend d'une main tremblante. M. de Saint-Elme s'éloigne aussitôt. Amicie le suit des yeux; son cœur est oppressé; ses genoux fléchissent; elle est forcée de s'appuyer contre un arbre. C'est dans ce moment que son cœur lui découvre toute la force de son attachement pour cet excellent homme. — Il croit que j'aime toujours Charles, pensait-elle; il me croit ingrate et sourde à la voix de la raison. Hélas! ce mouchoir qu'il vient de me rendre ne m'est cher que parce qu'il a contribué à sauver les jours du seul homme que je puisse aimer, du seul que j'aime en effet. Le sang de M. de Saint-Elme a effacé les larmes de Charles, et ce mouchoir est devenu le talisman du bonheur d'Amicie.

Elle le cache dans son sein, reprend tristement le chemin du château, et se rend dans l'appartement de sa mère.

Au moment où l'on se réunit pour le dîner, Amicie était plus calme : quelque chose de consolant et de doux semblait s'être emparé de son esprit, et la satisfaction qu'elle ressentait intérieurement donnait à tous ses traits une expression ravissante.

M. de Saint-Elme au contraire n'avait jamais été plus mélancolique. Il prit peu de part à l'entretien, et sa préoccupation paraissait tenir à une idée fatigante et pénible, qu'il s'efforçait de repousser, et qui revenait l'obséder malgré lui.

Le dîner fut triste et silencieux, et, au moment où l'on sortait de table pour passer dans le salon, M. de Saint-Elme prit à l'écart son ami. Ils causèrent pendant quelques instans, et on voyait à l'agitation de M. de Valmore combien il était affecté de ce qu'il apprenait ; mais paraissant céder enfin au désir de M. de Saint-Elme, il se retourne aussitôt vers ces dames, et leur annonce que son ami partait le lendemain pour retourner dans le nord de l'Europe.

— Eh quoi! monsieur, s'écrie avec émotion madame de Valmore, vous partez. Vous allez entreprendre un aussi long voyage avant d'être parfaitement rétabli de la maladie cruelle qui a si fort alarmé vos amis. — Oui, madame, répond avec embarras M. de Saint-Elme, j'ai besoin de changer d'air, de lieu ; j'ai besoin de mettre un immense intervalle entre mon pays et moi. — Et quel motif, reprend madame de Valmore, peut vous forcer à le quitter si précipitamment? — Il faut peu de chose à l'homme pour le rendre heureux, répond en soupirant M. de Saint-Elme; il ne lui faut qu'un cœur qui l'entende et réponde au sien. Ce peu est cependant ce qu'il y a de plus rare, de plus difficile à trouver. Une fois j'ai cru le rencontrer. Je me suis trompé. Ces erreurs-là sont fatales; elles empoisonnent la vie; mais en renonçant à son propre bonheur, il ne faut pas oublier celui des autres. Je pars, et vais consacrer au bien de ma patrie les restes d'une existence à laquelle je ne tiens plus que pour elle.

A ces mots Amicie pâlit et tombe sans connaissance dans les bras de sa mère. On s'empresse, on s'agite autour d'elle. Elle fut long-temps à recouvrer l'usage de ses sens; mais en ouvrant les yeux, quelle fut sa surprise: M. de Saint-Elme était à ses genoux, qui suivait avec une tendre inquiétude ses moindre mouvemens. Madame de Valmore paraissait attendrie, et son mari, cet homme si froid, si sévère, partageait l'émotion générale.

Les yeux d'Amicie interrogent avec crainte et timidité ceux de sa mère; mais M. de Saint-Elme s'écrie avec les transports de la joie la plus vive:

Je sais tout, Amicie, et cette touchante émotion m'en a dit plus encore que la flatteuse confidence que vient de me faire madame de Valmore.

Le coloris de la pudeur vint alors embellir les traits d'Amicie, qui se hâta de cacher son aimable confusion dans le sein de sa mère.

M. de Valmore, heureux de conserver son ami près de lui, et de voir se réaliser enfin ses plus douces espérances, donne aussitôt un autre cours aux pensées, en les ramenant à son projet chéri, l'union de M. de Saint-Elme et d'Amicie.

Madame de Valmore se retire avec sa fille, et les laisse s'entretenir librement. On fut bientôt d'accord, et les apprêts du départ de M. de Saint-Elme furent aussitôt remplacés par des préparatifs de mariage.

Cette heureuse nouvelle circula promptement dans le château, et répandit la plus vive allégresse. M. de Saint-Elme était adoré de tout son monde. Ses bienfaits et sa bonté le faisaient également chérir de tous les habitans du village, qui s'empressèrent de venir lui témoigner la part qu'ils prenaient à son bonheur, par des fêtes et des réjouissances dont le cœur et la reconnaissance firent seuls les frais.

Amicie partageait la satisfaction générale; mais sans éprouver ces émotions violentes qui ne sont pas toujours la preuve du véritable bonheur. Son cœur était doucement agité, et ses regards s'arrêtaient avec abandon et confiance sur M. de Saint-Elme, comme sur le seul être qui méritât l'affection vive et profonde qu'elle ressentait pour lui; et guidée enfin par le flambeau de la raison, elle ne redoute plus l'avenir.

Après quinze jours passés en préparatifs nécessaires, M. de Saint-

Elme, au comble de ses vœux, et rassuré sur les sentimens secrets d'Amicie, la conduisit à l'autel. Elle y reçut sa foi, et promit de consacrer sa vie à son bonheur. Aucune pompe n'avait accompagné cette cérémonie touchante, et la douce et modeste Amicie n'eut pour témoin des nœuds solennels qu'elle venait de former, que son heureuse famille et les nombreux habitans du village.

On avait décidé de passer le reste des beaux jours chez M. de Saint-Elme. M. de Valmore avait fait sans peine le sacrifice de ses graves occupations, pour se livrer sans contrainte au plaisir que lui causait la réussite de son projet chéri. L'été s'écoula pour eux dans des plaisirs purs et simples, et l'aspect enchanteur de la plus riante campagne semblait ajouter aux charmes de la plus douce sympathie.

Les approches de l'hiver les forcèrent de s'arracher à cette vie calme et heureuse.

On fait avec regret les préparatifs du départ, et l'on s'éloigne avec effort de ce séjour enchanteur, auquel se rattachaient pour les nouveaux époux les souvenirs les plus chers.

Paris était redevenu le centre des plaisirs. Les réunions et les fêtes recommençaient à l'animer, lorsque M. de Saint-Elme et sa jeune épouse y arrivèrent. Un hôtel magnifique, de nombreux domestiques, la considération depuis long-temps attachée à son nom, lui attirèrent bientôt un grand nombre d'invitations ; mais Amicie préférait les jouissances paisibles de l'intimité au bruit et aux scènes tumultueuses du grand monde, et ce fut seulement pour plaire à son époux qu'elle en accepta quelques-unes.

Le baron de Mercourt ne fut pas

un des moins empressés à fêter madame de Saint-Elme, et oubliant que c'était cette même Amicie qu'il avait dédaignée, il lui donna des marques publiques de l'estime et de la considération que le nom qu'elle portait semblait seul à ses yeux devoir lui mériter. Amicie avait oublié le passé; il ne s'offrait plus à sa pensée que comme un songe vague et indifférent. Elle accueillit donc avec bienveillance les marques d'intérêt du baron, et lui rendit avec grâce et franchise les politesses et les attentions dont il la comblait. On attendait Coralie, qui devait arriver de la campagne avec madame de Rozamberg. Amicie ne l'avait pas revue depuis la fête de l'ambassadeur. M. de Saint-Elme redoutait pour sa jeune amie cette embarrassante entrevue, et la maison du baron de Mercourt n'était pas celle qu'il souhaitait lui voir fréquenter habituellement; mais il répondit aux avances du baron avec toute la considération qu'il lui devait.

Pendant que notre aimable Amicie jouit enfin de la tendresse du plus estimable des époux, voyons si le volage et léger Saint-Léon aura su apprécier la femme intéressante à laquelle madame de Rozamberg est parvenue à l'unir. La lettre suivante à son ami nous l'apprendra.

Le Chevalier de Saint-Léon à M. Jules D....

Du Château de Rozamberg.

« Je te mandais, Jules, dans ma « dernière lettre, que j'étais content de « mon sort; mais cette expression ne « rend qu'imparfaitement les dou- « ceurs que me fait éprouver mon « union avec la plus aimable et la « meilleure des femmes, et je suis enfin « forcé de reconnaître cette vérité que « m'a si souvent rappelée madame de « Rozamberg, que le bonheur ne peut

« se trouver que dans l'accord parfait « de nos sentimens et de nos devoirs.

« Dans quelle route je m'étais égaré, Jules. Je le sens, la légèreté des « manières et la frivolité des discours « influent bien plus qu'on ne pense sur « les affections des hommes. C'est à ce « goût dominant de tout blâmer, de « tout ridiculiser qu'il faut attribuer « leurs erreurs les plus funestes et « leurs torts les plus graves. Il accoutume à ne rien respecter, et en déconsidérant tout, on se déconsidère « soi-même.

« Le nœud qui me lie à la plus aimable, à la plus intéressante des « femmes, en remplissant désormais « mon cœur, a contribué à me ramener « à des idées plus justes, et je sens par « expérience que le flambeau de la « raison peut seul nous guider sûrement dans le chemin difficile de la vie.

« Quelles obligations n'ai-je pas à « l'être adorable qui ne s'est servi de

« son empire sur moi que pour assurer « mon bonheur. Avec quelle noblesse, « avec quelle bonté madame de Ro« zamberg a oublié les torts de mon es« prit, pour ne s'occuper qu'à dessiller « mes yeux. Elle ne s'est point trompée; « elle avait jugé le cœur de Saint-Léon; « elle avait découvert au milieu de ses « nombreux ridicules quelques germes « de vertu, auxquels il ne manquait « qu'un guide... je l'ai trouvé dans ma« dame de Saint-Léon, et cette femme « dont la jeunesse fut si orageuse et la « vanité si révoltante, est devenue, avec « le secours de sa raison et les conseils « de l'amitié, la plus douce, la plus « modeste, la plus estimable des épou« ses. Avec quelle admiration, avec « quel respect je m'unis à elle pour « répandre sur tout ce qui l'environne « ses nombreux bienfaits. Les droits du « malheur sont sacrés pour elle, et « sans vouloir pénétrer s'il est la suite « de quelque égarement ou d'une triste

« fatalité, l'être souffrant est par elle « aussitôt soulagé.

« Je suis depuis un mois chez la « comtesse de Rozamberg; je l'ai re- « vue avec émotion sans doute, mais « sans éprouver ces mouvemens tu- « multueux qui si long-temps ont ac- « compagné le sentiment qu'elle m'a- « vait inspiré. Sa présence au con- « traire a purifié mon cœur de tous « les souvenirs qu'il conservait encore, « et je ne suis plus que l'ami de cette « femme adorable.

« Le sentiment qui l'unit à madame « de Saint-Léon rend notre séjour au- « près d'elle aussi doux qu'agréable. « Nous avons formé le projet de reve- « nir ensemble à Paris d'ici à peu de « jours. Je compte à mon arrivée faire « l'acquisition d'un hôtel voisin du « sien, et passer ainsi ma vie entre « ces deux êtres célestes et rares qui « se partagent les plus tendres affec- « tions de mon cœur.

« Madame de Saint-Léon, en avan-
« çant dans sa grossesse, continue à
« jouir de la meilleure santé. Le bon-
« heur que me fait éprouver sa situa-
« tion ajoute aux charmes de mon
« existence un sentiment nouveau, et
« dont j'étais bien éloigné d'apprécier
« la douceur. Nous passons nos jour-
« nées à former des projets pour ce
« gage précieux, qui doit resserrer
« encore le nœud qui me lie à ma
« charmante épouse. Si tu savais,
« Jules, avec quelle impatience j'at-
« tends le moment de te présenter à
« elle! Combien je suis heureux et
« fier d'avoir su captiver l'attache-
« ment de cette femme, que j'ai si
« long-temps méconnue! Ah! mon
« ami, comme mon cœur la venge
« maintenant de mes dédains passés.

« Coralie est toujours chez sa tante,
« où le tableau de notre bonheur ne
« peut que lui être importun : aussi
« désire-t-elle avec passion de revenir

« à Paris. On dit que le baron de Mer-
« court l'attend avec impatience, pour
« lui confier pendant l'hiver le soin de
« faire les honneurs de sa maison.
« Charles est toujours à l'armée, où il
« s'est distingué dans les dernières af-
« faires qui viennent d'avoir lieu. Les
« notes les plus avantageuses ont été
« envoyées sur son compte au minis-
« tre. Coralie reçoit avec la plus grande
« indifférence les félicitations que ces
« heureuses nouvelles lui attirent de
« toutes parts, et l'on voit que son
« époux est de tous les êtres qui l'envi-
« ronnent le seul qui ne puisse rien
« sur son cœur. Elle me témoigne une
« politesse froide et contrainte, et le
« sourire du sarcasme erre continuel-
« lement sur ses lèvres, lorsqu'elle se
« trouve en présence de madame de
« Saint-Léon. Je me mets peu en peine,
« comme tu penses bien, de l'opinion
« d'une telle femme, et la seule chose
« qui pourrait m'y faire prendre quel-

« que intérêt, ce serait le regret que « j'éprouve de voir madame de Ro« zamberg si mal récompensée des « soins et de la tendresse qu'elle a eu « constamment pour cette nièce légère « et ingrate.

« Adieu, Jules; j'espère dans huit « jours te serrer dans mes bras, et te « faire partager mon bonheur, en t'en « rendant le témoin. Nous voyagerons « avec nos chevaux à petites journées, « pour ne pas trop fatiguer ma femme. « Adieu. »

On voit par cette lettre combien Saint-Léon était récompensé du sacrifice qu'il avait fait à la raison, et combien il appréciait le bonheur pur et doux dont il jouissait maintenant. M. Jules D... s'empressa d'aller au-devant de son ami à son arrivée à Paris; leur entrevue fut touchante; madame de Saint-Léon ne put s'empêcher de rougir en se rappelant ses confidences passées, et la légèreté de sa conduite avec cet ancien ami de son époux; mais les charmes de la confiance et de l'intimité succédèrent promptement à ce premier moment d'embarras; car le bonheur est communicatif, la peine et la douleur sont les seules impressions concentrées et muettes.

Madame de Rozamberg et sa brillante nièce étaient également de retour à Paris : Coralie était descendue à l'hôtel de Mercourt, et le baron, au comble de ses vœux en revoyant cette nièce chérie, n'eut rien de plus pressé que d'ordonner les apprêts d'une fête magnifique dont elle devait faire le plus bel ornement : elle fut fixée à une quinzaine de jours. Tout ce qu'il y avait de gens considérables par leur rang ou leur fortune y fut invité; M. et madame de Saint-Elme furent des premiers priés. Amicie aurait voulu se dispenser d'y paraître; elle allait bientôt doubler son existence, et le bonheur dont ce nouveau sentiment remplissait son âme, l'éloignait encore plus des plaisirs froids et vides du grand monde. Mais M. de Saint-Elme lui témoigna le doute que Coralie n'eût été le prétexte de son refus. Amicie sourit de son erreur : il la prie alors de lui accorder la satisfaction de montrer à tous les yeux la femme chérie à laquelle il était si fier et si heureux d'appartenir. Amicie qui adorait son mari, céda facilement à un désir manifesté d'une manière aussi tendre et aussi flatteuse pour elle, et il fut convenu qu'ils se rendraient à la fête du baron.

Amicie avait une voix superbe, mais qui n'avait pas été cultivée; depuis son mariage, et pour plaire à son époux, elle avait pris des leçons dont elle avait merveilleusement profité. Il était difficile de l'entendre sans émotion, car elle joignait à une grande étendue de voix, un timbre pur et sonore, et une méthode sûre et facile.

Le baron de Mercourt la pria de se faire entendre au concert qui devait commencer la fête, et Amicie sachant combien cela serait agréable à M. de Saint-Elme, y consentit.

Un matin qu'elle était seule dans son appartement, occupée à répéter le morceau qu'elle devait chanter chez le baron de Mercourt, elle voit entrer M. de Saint-Elme, dont les traits altérés annonçaient une émotion violente; ces mots s'échappent en même temps de ses lèvres tremblantes : — Charles est arrivé de l'armée; selon toute apparence, il doit se trouver à la fête que donne son oncle, et je crains, mon amie, l'impression que sa vue ne pourra manquer de vous faire éprouver. Je n'insiste donc plus pour que vous y alliez, car je ne veux pas exposer à cette dangereuse émotion vous et le gage précieux que vous portez dans votre sein. Mais Amicie se précipite dans les bras de son époux en lui disant : — Non, mon ami, ne craignez rien ; il n'est pas au pouvoir de Charles de faire plus de mal à l'enfant qu'à la mère, et je veux qu'il voie combien maintenant Amicie est heureuse.

Elle embrasse tendrement son mari, et se remet à faire de la musique. Avec quelle satisfaction cet heureux époux contemplait cette femme charmante, qui, sans trouble, sans regret, allait se trouver avec celui qu'elle avait tant aimé, et dont la vertu avait si bien su triompher de l'amour! Mais tout en cédant aux volontés de son Amicie, il redoutait pour elle cette pénible entrevue.

Enfin le jour de cette fête, si fort redouté par M. de Saint-Elme, arriva: jamais Amicie n'avait été aussi calme, aussi gaie. Elle s'occupe tranquillement de tous les détails de sa toilette de bal, et donne sans affectation les ordres nécessaires. Elle part, son époux la suit en silence ; ses yeux n'osent interroger les yeux d'Amicie, car il craint de lui trouver plus de résignation que de véritable tranquillité; et dans le vague des réflexions qui l'occupent, ils arrivent à l'hôtel de Mercourt. La foule était immense et les salons remplis. Un jeune homme s'avance au-devant de madame de Saint-Elmo, lui présente un bouquet de fleurs, et lui donne la main pour la conduire. Amicie s'aperçoit que cette main est tremblante ; elle lève les yeux sur son jeune conducteur, et reconnaît Charles..... Ses regards s'arrêtent un moment sur les siens : elle reste frappée du changement que deux années avaient produit dans toute sa personne. Une maigreur excessive, une impression profonde de tristesse, en avaient dénaturé l'expression; et Charles était près d'Amicie, et Amicie cherchait Charles... Il la conduit à un siége vacant à côté de deux femmes brillantes de parure et de beauté : Amicie reconnaît madame de Rozamberg et madame de Saint-Léon.

Le concert commence : le baron de Mercourt vient chercher madame de Saint-Elme pour la conduire près des musiciens ; mais Coralie annonce qu'elle accompagnera Amicie sur la harpe. Amicie consent à tout : M. de Saint-Elme frémit en entendant cette proposition ; ses yeux se fixent avec inquiétude sur sa jeune et belle épouse, lorque les accens doux et purs de cette voix céleste viennent rassurer son cœur. Jamais peut-être son chant n'avait été plus brillant et plus suave : on l'écoutait avec ravissement, et les accords savans et harmonieux de Coralie ajoutaient encore à l'impression que produisaient sur les spectateurs cette musique ravissante. Charles en fut troublé ; et malgré la détermination qu'il avait prise de ne plus voir dans Amicie que madame de Saint-Elme, il suivait avec attendrissement ses moindres mouvemens ; et lorsque sa belle voix se fit entendre, il ne fut plus le maître de son émotion : tout entier à ses souvenirs et à ses regrets, il regardait, il écoutait avec admiration cette jeune et charmante femme... Ses yeux s'arrêtent alors sur Coralie ; un soupir vient errer sur ses lèvres, et il cherche un motif de consolation dans son éclatante beauté...... mais il est forcé de s'avouer, en voyant Amicie belle sans art, touchante sans effort et noble sans affectation, qu'il est une beauté supérieure à la beauté même, et qui seule vient de l'âme.

La situation dans laquelle elle se trouvait la rendait encore plus intéressante. Les yeux de Charles se remplissent de larmes, en songeant que le bonheur de M. de Saint-Elme devait être son partage, et que s'il a perdu la plus ravissante, la plus sensible des épouses, il ne doit s'en prendre qu'à sa fatale légèreté. Emporté alors par le sentiment qui l'agite, Charles s'éloigne, et fuit de ce salon, où viennent de se rouvrir toutes les blessures de son cœur.

M. de Saint-Elme a suivi Charles des yeux : il a lu dans son âme, il a vu son émotion; cet excellent homme compatit à son chagrin : il le voit s'éloigner; il applaudit à la sagesse de cette courageuse détermination. Ses regards se reportent aussitôt sur Amicie, dont la gaîté douce et le calme parfait contrastent d'une manière si frappante avec l'agitation du malheureux Charles; et M. de Saint-Elme s'assura pendant cette soirée que si Charles aimait toujours Amicie, Amicie n'aimait plus Charles.

Le lendemain, pendant que M. et madame de Saint-Elme s'entretenaient ensemble, les portes du salon s'ouvrent avec fracas; un jeune homme en habit de voyage entre précipitamment sans se faire annoncer, et vient tomber aux pieds d'Amicie..... M. de Saint-Elme reconnaît Charles. Amicie se lève pour s'éloigner .... Charles l'arrête. — Recevez, lui dit-il, madame, les adieux d'un infortuné qui va chercher loin de ces lieux un remède aux tourmens qui le consument. Je pars, je retourne à l'armée. La guerre est plus animée que jamais; elle m'offrira, je l'espère, l'occasion que je cherche.... Ne détournez pas vos regards, Amicie .... laissez les tomber encore une fois sur celui qui n'était pas digne de posséder un cœur tel que le vôtre.

Madame de Saint-Elme laisse tomber sur Charles un regard doux et bienveillant. — Il y a long-temps, lui dit-elle, qu'Amicie a perdu le souvenir des erreurs de son cœur; laffection dont il est pénétré pour le meilleur, le plus parfait des hommes, l'a purifié de toutes les illusions qui l'ont si long-temps abusé, et ce n'est qu'éclairé par le flambeau de la raison que l'amour ne nous égare plus. Revenez à elle, Charles; que sa douce et bienfaisante clarté vous guide désormais à travers les périls qui vont encore vous entourer. Sachez dompter des souvenirs pénibles, des regrets inutiles; que le bonheur d'Amicie vous empêche de livrer votre cœur à un sentiment sans espoir.... Mais si jamais vous sentiez chanceler votre courage, tenez, Charles, reprenez ce mouchoir auquel se rattachent les souvenirs les plus doux; il a été pour Amicie un gage de félicité, puisqu'il a contribué à sauver les jours du plus chéri des époux. Puisse-t-il vous être aussi favorable, et devenir pour vous un talisman de bonheur et de paix ! Qu'il vous rappelle, Charles, combien nos espérances sont fragiles et nos vœux incertains, et qu'il n'y a de durable dans la vie que les affections fondées sur les convenances et la raison.....

Madame de Saint-Elme lui abandonne le mouchoir, et rentre aussitôt dans l'intérieur de ses appartemens.

Les yeux de Charles se fixent avec émotion sur ce dernier présent d'Amicie. Il le porte avec un saint respect à ses lèvres tremblantes, et le cache aussitôt dans son sein.

M. de Saint-Elme suivait avec la plus touchante sensibilité les diverses impressions qui se peignaient sur les traits de son jeune et malheureux ami, et par un mouvement irrésistible ses bras s'étaient ouverts.... Charles s'y précipite. Ils restent long-temps comme enchaînés l'un à l'autre sans trouver d'expression pour rendre ce qu'ils éprouvent. .. Mais Charles s'arrache avec effort de ces bras qui le serraient sur le plus excellent de tous les cœurs, et ces mots se frayent un passage à travers les sanglots. — Soyez heureux, c'est le dernier vœu du malheureux Charles !....

Dans son égarement il s'éloigne de cette funeste demeure, disparaît à travers l'escalier, et s'élance dans la chaise de poste qui l'attendait.

M. de Saint-Elme le suit avec émotion..... il l'appelle..... Charles ne l'entend pas..... la chaise de poste était déjà bien loin... A cette vue, le cœur de M. de Saint-Elme se serre, il pâlit, et comme frappé par un triste pressentiment, il lui semble qu'il vient de voir Charles pour la dernière fois. Ses yeux cherchent alors à percer dans l'éloignement, afin d'y découvrir encore quelques traces de celui qu'il aimait comme on aime un fils; mais il ne lui reste de Charles que les souvenirs qui sont empreints dans son cœur...

Il remonte lentement son escalier, rentre chez lui, et se laisse tomber sur le premier siége qu'il rencontre. Ses larmes se frayent un passage et viennent soulager l'oppression de son âme ; il repasse alors dans sa mémoire les divers événemens qui ont détruit pour jamais la félicité de ce malheureux jeune homme. Il se rappelle tout ce qu'il a tenté pour le rendre heureux, et cette pensée consolante ne suffit pas pour calmer ses regrets. Il se reproche même son bonheur, puisqu'il en jouit aux dépens de Charles.

M. de Saint-Elme était ainsi livré à ces tristes réflexions, lorsqu'Amicie se présente à ses regards. Son air calme et serein, et les consolations qu'elle essaie de lui donner, font naître dans son âme de plus douces pensées; il accueille avec empressement l'espérance que peut-être le bonheur de Charles n'est pas détruit pour toujours... Et c'est Amicie qui console M. de Saint-Elme.

Pendant que Charles, guidé par le plus sombre désespoir, se rendait à l'armée, où la gloire et son brillant prestige n'ont plus d'attraits pour lui, madame de Rozamberg et madame de Saint-Léon offraient l'exemple rare et touchant de l'amitié la plus pure. On les voyait continuellement ensemble; leurs sociétés étaient les mêmes; et madame de Saint-Léon souriait en se rappelant que cette femme, pour laquelle elle avait maintenant une si tendre affection, avait été pour elle l'objet de la plus violente jalousie. — Ah! mon ami, disait-elle souvent à Saint-Léon, que les amitiés du monde sont incertaines et les haines bizarres! Qui m'eût dit que Madame de Rozamberg serait un jour mon amie la plus chère ! Saint-Léon la félicitait sur cet heureux changement ; il sentait tout le bonheur que lui procurait la liaison de deux femmes si bien faites pour s'entendre et s'aimer, car il n'aurait pas pu vivre éloigné de madame de Rozamberg ; et si l'amitié sévère se montrait seule dans ses discours, il était facile de lire dans ses regards que la reconnaissance et l'estime dont il était pénétré pour elle, avaient laissé dans son cœur des traces ineffaçables.

L'âme d'Amicie était faite pour comprendre et apprécier celle de madame de Rozamberg et de son amie ; leur liaison fut promptement formée, et cet aimable trio devint bientôt inséparable. La parfaite raison d'Amicie fit disparaître la différence des âges, et ne l'empêcha pas de se plaire dans la société de ces deux estimables femmes.

Madame de Saint-Léon donna le

jour à un fils. Amicie s'unit à madame de Rozamberg pour lui rendre tous les soins de l'amie la plus tendre et la plus dévouée. Elle partageait la satisfaction de cette aimable mère, et l'espoir que bientôt elle en éprouverait une semblable, ajoutait à l'intérêt qu'elle lui portait. Madame de Saint-Léon voulut nourrir elle-même son fils, et sa convalescence en fut plus prompte et plus heureuse.

M. de Saint-Elme désirait ardemment que son Amicie pût suivre ce touchant exemple. Il chercha alors à faire l'acquisition d'une terre dans les environs de Paris, afin qu'elle pût respirer un air plus pur et plus salutaire. Le baron de Mercourt lui proposa de lui vendre la terre qu'il possédait dans la vallée de Montmorenci. Depuis long-temps cette propriété, en lui rappelant des souvenirs pénibles, n'avait plus d'attrait pour lui; et comme cet homme fier et absolu ne concevait jamais une idée sans la réaliser aussitôt, il fit à M. de Saint-Elme des offres si favorables, que le marché fut promptement conclu, et par ce moyen Amicie se trouva la maîtresse de cette antique et belle demeure.

La petite maison que possédait à Montmorenci M. de Valmore, ajoutait au plaisir que cette acquisition faisait à madame de Saint-Elme, en lui donnant l'assurance de ne pas se séparer de sa mère; car M. de Valmore avait annoncé le désir de quitter les affaires, et de se retirer à la campagne.

Entourée ainsi de tous les êtres qui lui étaient si chers, Amicie ne tarda pas à se rendre à Mercourt, pour y attendre le moment qui devait doubler son existence et son bonheur; elle espérait d'ailleurs y réunir ses deux nouvelles amies pour y passer l'été. Madame de Saint-Léon accepta avec joie une proposition si conforme à ses goûts, et madame de Rozamberg prit aussitôt les arrangemens nécessaires pour les accompagner. Depuis long-temps elle ressentait pour Amicie le plus aimable intérêt. Mais depuis son mariage, et dès qu'elle avait été plus à portée d'apprécier l'âme noble et élevée de cette jeune femme, elle l'aimait avec la plus tendre affection. Elle se plaisait à s'abandonner à cette douce impulsion, et à tromper son cœur, en l'appelant sa nièce. Ce nom dans un autre temps eût produit sur Amicie des sensations bien vives, et peut-être aurait réveillé des souvenirs dangereux; elle ne le reçoit maintenant que comme l'expression d'une sensibilité qui la flatte, et qu'elle paie par le plus sincère attachement.

Enfin le jour du départ pour le château de Mercourt est arrivé. Après trois années de peines et d'épreuves,

Amicie traverse ces mêmes campagnes; elle revoit cette même verdure sous laquelle elle a ressenti des sensations si violentes : son imagination la remène à cette époque orageuse de sa vie; elle ne peut croire qu'elle ait existé.

Que les émotions qui agitent doucement son âme en ce moment sont différentes! Elle est aimée, adorée du plus parfait des hommes, et les sentimens qu'elle lui inspire l'élèvent, l'honorent maintenant à ses yeux, autant que la légèreté de Charles lui fit éprouver autrefois d'humiliations et de regrets. Ses regards se fixent alors avec affection sur M. de Saint-Elme; sa main cherche la sienne, et un sourire doux et tendre vient révéler à cet heureux époux les secrètes pensées du cœur de son Amicie.

Pendant que le bonheur et la paix avaient accompagné au château de

Mercourt ses nouveaux habitans, que devenait la brillante Coralie? Coralie a perdu cet éclat et cette fraîcheur qui la rendaient si vaine : une grande pâleur a remplacé les roses de son teint; son regard si vif, si séduisant, n'exprime plus que la fatigue et l'ennui. Une maigreur excessive, suite inévitable des veilles multipliées et *de la dissipation d'une vie sans ordre* et sans règle, a détruit sans retour ce *prodige de beauté, et c'est en vain* qu'elle essaie de lutter contre l'opinion, *qui déjà la place à vingt-trois* ans au rang des femmes dont on ne parle plus. Confuse, humiliée, car *c'était seulement dans l'amour-propre* blessé que Coralie plaçait la honte, *elle reste anéantie en acquérant la* certitude qu'elle a perdu tous ses droits à l'admiration. Que fera-t-elle à présent du long espace qui lui reste à parcourir avant d'atteindre cet âge avancé où l'exile déjà la malveillance et l'oubli? Emploiera-t-elle le seul moyen qui lui reste, le seul convenable pour reconquérir l'estime de sa famille et la tendresse de son époux? se retirera-t-elle du monde? se repentira-t elle de ses erreurs, et tâchera-t-elle, en les abjurant, de revenir à une vie simple et pure?

Un projet aussi sage, aussi noble, ne s'offre point à sa pensée. La frivole Coralie est trop personnelle, trop peu sensible pour adopter une manière de vivre qui demande une résolution ferme et courageuse, et dont la récompense ne peut se trouver que dans la satisfaction intérieure d'une conscience en repos.

Ce n'est pas là le bonheur qu'il faut à Coralie : c'est du fracas, c'est du bruit dont elle a besoin. Pour atteindre plus sûrement son but, elle se décide à s'éloigner du grand théâtre où sa beauté est dédaignée et son ascendant perdu. Elle fait part à son oncle du projet qu'elle a formé d'aller, s'il y consent, passer l'été dans la terre qu'il possède au fond du Poitou. Le baron accoutumé depuis long-temps à céder à tous les caprices de sa belle nièce, accueille avec joie sa proposition, et s'empresse de donner les ordres nécessaires pour leur prochain départ.

On serait étonné de l'ascendant qu'une femme aussi légère avait su prendre sur l'esprit du baron de Mercourt, si l'on ne se rappelait pas l'admiration qu'elle lui avait inspirée, et combien, malgré son extérieur froid et sévère, il possède un cœur disposé à la tendresse; car tout en répétant sans cesse qu'*amour et folie sont inséparables*, personne n'avait été plus que lui l'esclave de cette passion; et la brillante Coralie ne paraissant nulle part sans exciter le plus vif enthousiasme, avait entièrement subjugué le cœur du vieux baron. L'espérance qu'il avait conçue un moment de s'unir à cette belle personne avait exalté son imagination, et malgré la conduite plus que légère qu'elle avait tenue depuis son mariage avec Charles, rien n'avait pu détruire la prévention favorable qui la plaçait dans son esprit au-dessus de tout ce qu'il avait jamais connu de plus parfait. Il se persuadait que les fautes et les erreurs qui déparaient sa vie n'auraient point existé, si elle n'avait pas eu le malheur d'être liée à un homme assez aveugle pour méconnaître tout ce qu'elle valait, et dont l'esprit romanesque s'était laissé entraîner sur les traces d'une femme bien éloignée de pouvoir être comparée à sa charmante nièce. Aussi cet homme naturellement si fier, si emporté, si sévère, était-il pour Coralie d'une douceur, d'une complaisance et d'une attention à toute épreuve. Jamais il ne lui était venu dans la pensée de la contrarier dans ses fantaisies ou ses projets, et son indulgence pour elle était aussi étendue que son admiration. Le voyage du Poitou lui parut donc la chose la plus naturelle. Jamais il n'avait habité cette terre, et il se fit une fête de la connaître.

On part; on traverse rapidement les belles provinces qui séparent le Poitou de Paris, et l'on arrive dans un vieux château flanqué de tours antiques, dont les ponts-levis, les fossés remplis d'une eau verte et bourbeuse, les grandes cours désertes, et les créneaux gothiques rappelaient les temps de l'ancienne féodalité. Quelque chose de grave et de solennel s'emparait de l'âme en entendant le bruit des chaînes qui abaissaient les ponts, et le fracas des portes lourdes et massives qui s'ouvraient pour laisser pénétrer dans cette antique demeure ceux qui venaient la visiter. L'herbe croissait depuis des siècles dans cette enceinte vaste et sombre; des galeries immenses garnies de châssis que le temps et l'humidité avaient en partie détruits donnaient un libre accès aux vents, et rendaient un bruit sourd et monotone auquel se joignait le cri lugubre de l'oiseau de proie, qui depuis long-temps s'était emparé de ce triste édifice. A droite on découvrait une salle de chevalerie, à gauche les restes d'une chapelle en ruines.

Telle est l'habitation que s'est choisie la brillante Coralie, telle est l'agréable demeure où, guidée par le plus imprudent dépit, elle a résolu de se fixer pendant six mois.

La voiture, en roulant avec vitesse, fit retentir avec tant de violence le bruit des chaînes qui soutenaient les ponts, que la tremblante Coralie s'appuie sur son oncle avec effroi. Elle avance la tête hors de la portière pour distinguer l'édifice : elle pâlit; ses bras se roidissent, et une attaque de nerfs annonce au baron l'effet subit que l'antique demeure de ses nobles aïeux a produit sur les organes délicats de sa chère Coralie. Il s'empresse de lui prodiguer tous les secours; mais on manque de tout, et Coralie est forcée de reprendre ses sens, sans les moyens d'usage en pareille circonstance. On la fait entrer dans une chambre dont la grandeur, l'élévation et l'antique ameublement lui causent une suffocation violente. « Quelle horreur! s'écrie-t-elle; où suis-je? c'est une prison d'état plutôt qu'un château. Jamais je n'oserai coucher dans cet immense lit; sans doute du temps de Charlemagne il était destiné à une famille tout entière, et ces vieilles draperies de velours vert, ces galons sales et enfumés, ce ciel de lit qui ressemble à un reposoir! Il est impossible d'habiter cette chambre. Eh! quelle est cette figure que j'aperçois? c'est sans doute le portrait de la belle châtelaine de ce triste donjon. Comme elle est vêtue! on ne sait en vérité à quel sexe elle appartient: elle est affreuse.

Pendant que Coralie se désespérait en contemplant sa nouvelle demeure, le baron de Mercourt parcourait avec un noble orgueil cette longue file de galeries et de chambres désertes, dont les tapisseries à grands personnages tombaient partout en lambeaux.

Le bruit du vent qui entrait par les croisées brisées, se mêlait à l'écho que sa marche faisait résonner sous ces voûtes humides et froides, et augmentait encore le respect que lui inspiraient ces vénérables ruines. Il lui semblait entendre les voix imposantes des anciens preux dont il était si fier de descendre, qui lui recommandaient de soutenir l'illustration d'un nom sans tache; il s'agenouillait avec une religieuse émotion devant leurs portraits, dont la succession n'avait pas été interrompue depuis le temps des croisades, lorsqu'il fut distrait de cette pieuse occupation par un message de sa nièce. Il quitte à regret ses nobles ancêtres pour se rendre auprès d'elle. Il la trouve dans la plus cruelle perplexité ; elle avait en vain parcouru l'aile habitable du château, sans avoir trouvé une chambre convenable; elle avait fait assembler autour d'elle le concierge, sa femme et ses enfans, et le peu de domestiques qu'elle avait amenés, afin d'obtenir des détails sur l'endroit où il serait possible de se loger. Le concierge restait saisi en entendant la nièce du baron trouver affreuse la plus belle chambre du château; sa femme et ses enfans partageaient sa surprise, et restaient muets devant elle : personne ne pouvait lui indiquer ce qu'elle demandait, car elle était en effet dans la plus belle chambre du château.

Le baron parvint enfin à calmer la douleur de sa nièce chérie, en lui promettant d'envoyer le lendemain à la ville la plus voisine chercher des ouvriers pour lui arranger une pièce convenable.... Il fallut pour le moment se contenter de réunir de vieux paravents, et d'en former une séparation qui diminuât la chambre de moitié.

Plusieurs jours furent employés à travailler avec activité pour rendre supportable ce que Coralie appelait *sa prison*; on apportait, on remportait continuellement des meubles; elle avait tout mis sans dessus dessous dans le château; et après avoir impatienté son oncle, grondé ses gens, et dépensé beaucoup d'argent, elle parvint cependant à avoir une chambre passable; rien cependant n'était aussi ridicule que ce mélange du luxe féodal avec l'élégance moderne.

On n'avait pu changer la lourde architecture des portes, ni rapprocher les croisées qui formaient un enfoncement de plus de cinq pieds dans l'épaisseur des murs, ni faire disparaître les peintures noires et sales; on s'était contenté de substituer au lit de velours vert des draperies de mousseline claire, relevées avec des agrafes dorées, et qui contrastaient d'une manière bizarre avec une tapisserie épaisse et antique, chamarrée de dessins du plus mauvais goût. Un écran à la Psyché était placé en face du vieux portrait de la belle châtelaine, et réfléchissait son cadre de bois d'ébène; des lampes d'albâtre étaient posées près des bras de cheminée de fer, qui depuis plus d'un siècle étaient scellés dans la muraille, et qu'il avait été impossible d'en arracher; enfin une magnifique toilette couverte de dentelles, de vases de vermeil et de superbes cristaux, était placée devant l'antique foyer, dont deux énormes têtes de chien en pierre, à moitié mutilées par le temps, supportaient le chambranle. On conçoit aisément le singulier effet d'un pareil arrangement; mais il était indispensable pour l'élégante Coralie de retrouver autour d'elle une partie des agréables bagatelles que l'usage et la mode rendent si nécessaires à une jolie femme.

Après avoir ainsi obtenu une partie des objets sans lesquels il lui aurait été impossible d'exister, Coralie n'ayant plus rien à faire, retomba dans sa mauvaise humeur. Le parc lui parut assomant, les environs secs et déserts; et comme il aurait fallu aller chercher de l'ombrage et d'agréables points de vue à la distance de près d'une demi-lieue, elle annonça qu'elle resterait renfermée dans les murs du château jusqu'à l'arrivée de ses chevaux, qu'elle attendait de Paris.

Son oncle hasarda de lui proposer quelques promenades à pied dans les environs; mais elle se récria vivement contre une semblable idée, la chaleur lui faisant un mal horrible; et le terrain était trop raboteux et trop inégal pour qu'elle osât y marcher. Ne sachant plus alors que lui proposer pour la distraire, il se ressouvint de la belle galerie de tableaux de famille qui occupait la façade principale du château, et il ne vit rien de plus intéressant pour une *de Mercourt* que de parcourir la vaste généalogie de sa noble maison; il en fit avec emphase la proposition à sa nièce, qui n'ayant rien de mieux à faire, consentit à la visiter. La baron, charmé de sa complaisance, fit aussitôt ouvrir cette antique galerie, où reposait depuis des siècles l'arbre généalogique et tous les grands souvenirs de sa famille.

—Voilà, dit-il en entrant, voilà le portrait du noble et puissant seigneur Sifroy de Mercourt. Il est ici représenté à l'époque de la première croisade où partant pour la Palestine, il confie sa femme et les clefs de son château au noble abbé du couvent que l'on aperçoit dans le fond du tableau.

—Ici c'est le brave Guillaume de Mercourt partant pour la seconde croisade avec Louis VII dit le Jeune.

—Là c'est Hubert de Mercourt qui se distingua au siége de Saint-Jean d'Acre, et que Philippe-Auguste nomma sur le champ de bataille maréchal de France.

—Eh! quel est donc ce guerrier dont la figure est si farouche, l'air si rébarbatif, s'écria Coralie en s'approchant d'un grand tableau d'un aspect sombre et lugubre?

— C'est le portrait de Christophe de Mercourt, surnommé Bras de Fer. On raconte de lui des choses étonnantes; c'était un chevalier intrépide, qui signalait également son courage pour l'amour et pour la gloire. Il était la terreur de ses voisins et l'effroi de ses vassaux.

— Et celui-ci, demanda Coralie?

— C'est Robert le Bossu, confesseur de Saint-Louis, et fondateur de plusieurs ordres religieux. C'est lui qui conseilla la sixième croisade, dans laquelle ce bon prince et ce grand roi perdit la vie. A côté est le portrait d'Astolphe de Mercourt, représenté au moment où il remet à Charles V le plan de la Bastille.

— Voilà un bel homme : quel est son nom, demande vivement Coralie?

— C'est Mainfroy de Mercourt, chambellan et confident intime de la belle et célèbre Agnès Sorel.

— Et ces deux jolis enfans, que font-ils donc là près de ce vieux guerrier?

— Ce sont les enfans du malheureux Jacques Darmagnac, duc de Nemours, comte de la Marche, convaincu du crime de lèse-majesté. Il fut condamné à perdre la tête sur un échafaud, et l'on assure que le sévère Louis XI ordonna que ses jeunes fils seraient présens à son supplice. On dit encore qu'ils furent placés de manière à ce que le sang de leur père réjaillît sur eux. Les voilà conduits par le sage et généreux Bernard de Mercourt, l'ami de leur père; ils arrivent dans ce château, seul asile qui leur reste; on voit sur leurs vêtemens les traces funestes de leur malheur.

— Et cette belle femme couverte de pierreries, qui est-elle?

— C'est la célèbre Alix de Mercourt honorée de l'amitié d'Anne de France, dame de Beaujeu, qui institua les cours d'amour, où Alix se distingua autant par sa beauté que par les charmes de son esprit.

—Et cette petite vieille ? ah ! qu'elle est ridiculement mise !

—C'est Isabelle de Mercourt, gouvernante de Louis XII. Si sa figure est peu agréable, ses principes d'éducation devaient être parfaits, si l'on en juge par les résultats.

—Ah ! voilà une bien jolie personne.

—Hélas ! c'est la malheureuse Adelaïde de Mercourt, morte de douleur à l'âge de dix-huit ans, en apprenant la fin tragique d'un jeune seigneur huguenot qu'elle aimait, et qui périt victime des troubles et des dissensions religieuses. On dit qu'il reçut le coup mortel de la main même du frère d'Adelaïde.

—Ah ! c'est affreux ! s'écria Coralie; je parie que voilà le portrait de ce frère barbare.

— Oui, voilà le portrait d'Armand de Mercourt, le plus terrible ennemi des huguenots, et qui s'est toujours distingué par sa valeur et la haine qu'il leur portait.

— Dites-moi, mon oncle, savez-vous le nom de cette belle personne ?

— C'est Rosaure de Mercourt, confidente de la trop célèbre Catherine de Médicis. A côté vous voyez le portrait de son frère, le vaillant Henri de Mercourt, le défenseur des opprimés, le père des malheureux ; il périt la nuit de la Saint-Barthélemi, en voulant s'opposer à l'horrible assassinat de son ami l'amiral de Coligny.

— Et cette femme dont les petits yeux noirs sont si vifs, si perçans ?

— C'est Gabrielle de Mercourt qui vendit ses pierreries, et engagea ses biens pour venir au secours de son époux lorsqu'il faisait, avec le grand Henri, le siége de Paris.

— Ah ! mon oncle, voyez donc la

belle vue que l'on découvre de cette croisée; c'est vraimentravissant. Connaissez-vous le château qu'on aperçoit sur la hauteur?

Le baron voulut en vain continuer l'explication des portraits de la galerie, Coralie ne l'écoutait plus. Elle était livrée tout entière à la contemplation des maisons qu'elle apercevait dans l'éloignement, et qui lui firent naître le désir d'en connaître les propriétaires.

— Eh ! laissez de grâce, disait-elle à son oncle, laissez ces vieux portraits enfumés, et regardez avec moi l'effet admirable de ces jolies maisons blanches à travers les arbres qui les environnent. En vérité, je m'étonne de n'avoir pas eu plutôt l'idée de m'informer s'il n'existait pas autour de ce triste manoir quelques êtres raisonnables, avec lesquels ont pût essayer de se distraire.

— Vous n'y songez pas, Coralie;

c'est sans doute une plaisanterie, lui dit le baron avec surprise.

—Non, certainement, ce n'est point une plaisanterie.

—Mais il n'y a personne à voir dans les environs. Ces maisons si jolies sont bâties depuis très-peu de temps; et Dieu sait par qui elles sont habitées!

—Eh bien! nous verrons.

—Vous ne voudriez pas, je pense, compromettre votre dignité en vous rapprochant d'êtres qu'il serait peut-être fort inconvenant d'admettre au château....

—Je ne vois d'inconvenant, répond avec humeur Coralie, que la solitude et l'ennui.

—Mais il y a mille moyens de s'en délivrer sans....

—Mon cher oncle, je vous en conjure, ne me contrariez pas ainsi; vous savez qu'il n'y a rien d'aussi fatal pour moi, et tout ce que vous pourriez dire serait inutile. Je veux connaître ces gens-là ; je m'amuserai de leur figure, de leurs ridicules, et cela me fera passer le temps.

— Mais vous n'avez donc pas réfléchi ?....

— Je ne réfléchis jamais.

— Il faudrait au moins savoir quels sont ces êtres-là.

— Votre intendant nous le dira.

— Il n'est pas en état de juger.....

— Ah! mon oncle, vous voulez donc que je meure d'ennui ?

Le baron qui n'avait jamais su résister à cette terrible phrase, consentit à tout ce que voulait sa nièce.

Coralie s'élance aussitôt hors de la galerie, et fait appeler l'intendant de son oncle.

— Connaissez-vous, lui dit-elle, les personnes qui demeurent dans le voisinage ?

— Oui, madame, mais....

— Comment ! mais ?

— Je crains que madame ne puisse ou ne veuille pas, quand elle saura qu'il n'y a pas de noblesse....... peut-être.....

— Eh! qu'est-ce que cela me fait? Dites-moi à qui appartient cette charmante maison qu'on découvre sur la gauche, à l'entrée du petit bois?

— Elle est habitée par un ancien marchand, qui en faisant le commerce de l'indigo, a fait une fortune que l'on dit immense.

— Sa femme est-elle jolie?

— Il est veuf depuis long-temps, et vit retiré dans sa terre avec ses deux fils..... l'aîné est colonel.

— Et le second, que fait-il?

— Le commerce, comme son père.

— Fort bien. Et la grande maison blanche à droite, dans le fond?

— C'est une manufacture de sucre de betteraves, qui appartient à un monsieur Dorval. Il y demeure avec sa femme et sa belle-sœur.

— Sont-elles bien ?

— Charmantes.

Coralie sourit avec dédain en entendant cette réponse de l'intendant, et continua ses questions.

— Et cette petite maisonnette que l'on aperçoit sur la hauteur, auprès de la forêt ?

— C'est la demeure d'une dame veuve, qui s'est, dit-on, ruinée par ses extravagances et ses folies, et qui a été forcée de s'y retirer avec sa famille.

— Après !

— Il y a bien aussi le comte et la comtesse de Verrière ; mais leur château est à une lieue d'ici, et d'ailleurs ils ne sortent jamais et ne reçoivent personne.

— Alors je ne vois guère que les autres qui..... (Elle rit aux éclats.) Je commence à croire que mon oncle a raison... Mais toutes ces maisons nouvelles doivent être curieuses à connaître, et je me décide à leur faire une visite... Dites que l'on prépare la voiture pour six heures ; qu'elle soit en grande tenue, et mes gens en livrée.

— Oui, madame.

Coralie fait une toilette recherchée, et se regarde mille fois dans sa glace, afin d'être bien sûre de l'effet merveilleux que sa jolie tournure et sa parure élégante doivent produire sur les petits bourgeois qu'elle veut bien honorer d'une visite. Elle se rend ensuite auprès de son oncle, qu'elle parvient à décider à l'accompagner.

On monte dans la berline de voyage, qui a été lavée avec soin, et dont le magnifique attelage relève la simplicité. Coralie jette un coup d'œil de satisfaction sur son équipage, et donne l'ordre au cocher de les conduire au château de M. Cérille, le marchand d'indigo.

Pendant la route la belle nièce était d'une gaîté folle, et faisait à son oncle mille contes plus extravagans l'un que l'autre sur les gens qu'ils allaient voir ; elle finit par le mettre de meilleure humeur qu'il ne l'était en sortant du château

On arrive : Coralie est frappée de l'élégance et du bon goût qui distinguent l'habitation du marchand d'indigo. Une belle avenue d'arbres conduisait à l'entrée principale ; on traversait ensuite deux vastes cours remplies d'arbres étrangers, qui exhalaient un parfum délicieux ; un large perron, dont les marches étaient garnies d'arbustes et de jolies statues de marbre blanc, précédait un magnifique vestibule orné de colonnes et de figures antiques. Au fond l'on apercevait un escalier à l'italienne, couvert de riches tapis, et dont la rampe, d'un travail précieux, était sculptée et couverte d'ornemens du meilleur style, et qu'éclairait un lustre en cristal de roche soutenu par des chaînes d'or.

Deux jeunes gens d'une tournure distinguée s'avancent au-devant du baron et de sa nièce, les saluent avec une respectueuse politesse, et les conduisent à travers une enfilade de pièces magnifiquement meublées jusqu'à la chambre à coucher de M. Gérille, qui était étendu sur un canapé de bois des Indes, où le retenait depuis quelques jours un violent accès de goutte. Il fait un effort pour se lever en apercevant le baron, qui très-surpris de tout ce qu'il voit, s'y oppose avec la grâce et l'amabilité dont il était susceptible, lorsque l'humeur, ou l'orgueil blessé ne venait pas altérer ces heureuses dispositions.

Après les premiers complimens d'usage, une conversation agréable s'engage, et Coralie fut frappée du ton noble, des manières simples et distinguées de cette famille.

M. Cérille était un homme de plus de soixante ans. Sa physionomie expressive et son regard animé annonçaient toute la vivacité d'esprit qu'il avait dû avoir dans sa jeunesse ; ses deux fils étaient également remarquables par leur belle figure, et une aisance que peut seule donner une éducation soignée.

L'aîné, militaire plein d'honneur et de bravoure, unissait à la plus superbe taille une tournure agréable, et un ton rempli de franchise et de noblesse. Son frère, d'un extérieur moins imposant, avait une grâce, une finesse et une élégance peu communes ; rien de tout cela ne pouvait échapper aux regards pénétrans de Coralie, qui se hâta de proposer à ces aimables voisins de venir souvent la visiter dans son triste donjon. Et l'onclè et la nièce sortirent de chez le marchand d'indigo également surpris et charmés de tout ce qu'ils avaient vu et entendu.

—Encore une famille comme celle là, s'écrie le baron, et je me réconcilie avec tous les parvenus.

—Il est certain qu'ils sont charmans. Avez-vous remarqué, disait Coralie, comme le colonel a de beaux yeux? et son frère, quel teint frais et quelle grâce!

—Je me rappelle à présent fort bien, continue le baron, avoir beaucoup entendu parler de M. Cérille à Paris, comme d'un homme d'une délicatesse et d'une probité rares. Aussi jouit-il d'une réputation sans tache.

—Mon oncle, dit en riant Coralie, j'espère que la manufacture de sucre de betteraves de M. Dorval nous dédommagera du désapointement que nous venons d'éprouver chez M. Cérille.

Ils arrivaient en ce moment dans la cour de la manufacture, et en mettant la tête à la portière, Coralie n'aperçoit rien qui puisse lui faire présumer qu'elle sera trompée dans son attente. Elle ne vit qu'une cour immense et assez irrégulière, remplie de chariots, de chevaux et d'ouvriers qui allaient et venaient continuellement d'un bâtiment à un autre. L'édifice était vaste, d'une forme simple et d'une architecture très-ordinaire ; une grande propreté se faisait remarquer partout, mais sans luxe ni ornemens.

Un domestique, vêtu d'une veste de nankin, les fait entrer dans un petit salon qui n'avait pour toute décoration qu'un piano, une harpe, et plusieurs jolis tableaux dont un fixa leur attention. Il représentait une jeune et belle personne, dont l'air modeste et simple prévint aussitôt le baron en sa faveur.

Une grande et superbe femme vêtue d'un peignoir de mousseline, et dont les beaux cheveux cendrés étaient relevés avec grâce sur sa tête, s'avance au-devant d'eux, et après leur avoir témoigné combien elle était sensible à l'honneur qu'ils voulaient bien lui faire, elle fait avertir M. Dorval, qui se présente peu de momens après.

Le baron, frappé des charmes de cette belle personne, complimenta longuement M. Dorval sur son bonheur, et celui-ci reçut ces éloges comme un homme accoutumé à les entendre, mais qui en était toujours flatté. C'était un petit homme d'un extérieur peu distingué, dont les manières étaient vives et naturelles, et dont le regard fin et pénétrant et la physionomie animée, annonçaient une grande intelligence et beaucoup d'activité.

Le baron par politesse voulut mettre la conversation sur les avantages que le commerce procure à une nation ; mais M. Dorval la ramena sans affectation et avec grâce sur les sciences et les arts, et fut très-bien secondé par sa femme, qui avec douceur et modestie parlait sur tous les sujets avec esprit et discernement.

—Il est impossible, madame, lui dit avec vivacité le baron, il est impossible de juger avec autant de grâces et de tact, si l'on n'est pas soi-même un amateur distingué.

—Ma femme peint assez bien, répond M. Dorval, et voilà le portrait de sa sœur qui peut vous en convaincre.

Il montre alors au baron le portrait de la jeune personne qui avait déjà frappé ses regards. On l'examine avec attention, et le baron loue avec enthousiasme la fraîcheur et la légèreté du pinceau, et la beauté du modèle.

Coralie, plus que contrariée cette fois, était mal à son aise. Elle était venue dans cette maison avec le projet de se moquer des ridicules qu'elle espérait y rencontrer. et pour rien au monde elle n'aurait voulu donner le plus léger signe d'approbation : elle se contenta donc de se mordre les lèvres, en essayant d'éplucher avec soin les expressions et les mouvemens de la belle munufacturière; et fatiguée de ne rien trouver de trop provincial, elle se décide enfin à lui adresser la parole : la harpe qui était placée près d'elle lui en fournit l'occasion.

— Vous êtes musicienne, madame?

— Non, madame, c'est ma sœur.

— C'est un instrument délicieux, reprend vivement Coralie; mais je crois que pour en jouer avec la perfection dont il est susceptible, il est indispensable d'avoir entendu nos grands maîtres ; et qui n'a pas eu des leçons de Dalvimar ou de Nadermann, ne peut.....

— J'espère, madame, que ma belle-sœur vous prouvera le contraire, reprend avec chaleur M. Dorval : elle n'a point été à Paris, ni entendu nos virtuoses; et pour avoir été élevée dans un simple pensionnat de province, elle me paraît cependant avoir acquis un degré peu commun de perfection.

Coralie sourit dédaigneusement; mais M. Dorval continue.

— Je pense qu'avec une bonne méthode, du goût et de la sensibilité, on peut aisément, dans tous les pays, perfectionner ses talens. Les manières à la mode pourront y manquer ; mais ce qui ne s'apprend pas, ce qui est au-dessus de l'art, ce sont les dons de la nature : ils se cultivent partout.

— Vous me permettrez cependant, monsieur, de vous faire observer, reprend Coralie..... Mais M. Dorval ne la laissa pas achever.

— Si madame voulait bien m'accorder une journée tout entière, si elle voulait me faire cet honneur, elle pourrait juger elle-même, en parcourant cet établissement, que sans le secours de l'art, et en s'abandonnant à la seule nature, on peut opérer des merveilles.

Le baron accepte avec empressement cette invitation. Madame Dorval presse Coralie, et il est décidé que le dimanche suivant le baron et sa nièce viendront de bonne heure, pour avoir le temps de visiter la manufacture de sucre de betteraves. Sa sœur devait être de retour pour ce jour-là de la campagne où elle était en ce moment, et Coralie, curieuse de la connaître, promit d'assez mauvaise grâce d'être exacte au rendez-vous.

Elle ne fut pas plutôt remontée en voiture, qu'elle gronda son oncle sur la facilité avec laquelle il avait accepté cette désagréable partie chez des gens si peu faits pour être admis au château; mais le baron était trop enchanté de la beauté de madame Dorval, pour accueillir les réflexions de sa nièce, et il lui témoigna son étonnement de la trouver si peu disposée à partager l'admiration que lui inspirait cette belle personne.

— En vérité, mon oncle, je ne sais où vous prenez tout cela. Cette femme est d'une figure assez passable; mais elle est loin d'avoir ce qu'on appelle *de la beauté*. Son teint est sans éclat, ses yeux ne disent rien, ses manières sont insignifiantes, et je me trompe fort, si elle n'est pas aussi sotte que prude.

— Je n'ai jamais vu une plus belle tête, ajouta le baron.

— Et que dites-vous de cet insupportable mari? continue avec vivacité Coralie. A-t-on jamais entendu rien de plus ridicule que cette manie de mettre toujours la nature au-dessus de l'art? N'est-ce pas le comble de la déraison qu'un marchand de sucre de betteraves s'avise de vouloir parler peinture, musique, et assurer avec importance que les arts peuvent s'apprendre et se perfectionner avec le simple secours de la nature?... Où en seraient nos grands maîtres? Aurions-nous cette foule d'artistes célèbres qui sont la gloire et l'ornement de la France, s'ils n'avaient point étudié les grands modèles que nous a laissés l'antiquité?

— Croyez, ma nièce, que si la nature ne leur avait pas donné d'abord ce génie sublime et créateur dont elle seule dispose, ils ne seraient jamais parvenus à cette perfection de talens qui les immortalise... et le portrait que nous a montré M. Dorval est une preuve de plus que...

— Voilà une belle preuve, que cette détestable croûte; il n'y a dans ce tableau ni couleur, ni nuances; la figure est sans expression.

— Cette jeune personne doit être bien jolie, si elle est ressemblante.

— Je suis curieuse de la connaître; et je parie, reprend avec aigreur Coralie, qu'elle est absolument dénuée de grâce, de tournure, et que c'est, dans toute la force du terme, une petite précieuse de village, vaine à l'excès d'un peu de fraîcheur que donnent toujours l'air de la campagne et la jeunesse, et dont le talent sur la harpe, malgré les éloges de M. Dorval, est aussi insignifiant, aussi monotone.....

La voiture entrait en ce moment dans la cour de la maison de madame de Villebelle, cette dame qui s'était ruinée par ses folies et ses extravagances. La conversation fut alors interrompue, et Coralie fut infiniment plus satisfaite de cette visite que de la précédente.

Madame de Villebelle reçut le baron et sa nièce avec toute la grâce et l'aisance que donne l'usage du grand monde; elle se récria long-temps sur le regret qu'elle éprouvait d'avoir été prévenue par eux, leur fit force politesses et complimens, et témoigna avec chaleur le plaisir qu'elle aurait de cultiver un aussi agréable voisinage. On parla de Paris: madame de Villebelle s'extasiait à chaque mot, et gémissait de la cruelle nécessité qui la réduisait à végéter au fond d'une triste province, après avoir joui si long-temps de tous les plaisirs, de tous les agrémens qu'on ne peut trouver ailleurs.

— Vous êtes bien heureuse, madame, disait-elle à Coralie, d'habiter ce paradis terestre, que je n'aurais jamais eu le courage d'abandonner, si ma fortune m'avait permis d'y demeurer encore; mais mon cœur, mon âme, tout est resté à Paris.

— Vous avez cependant, madame, lui répond le baron, en regardant du côté où était placée une petite table sur laquelle travaillaient les deux demoiselles de Villebelle, vous avez, madame, une famille qui me paraît faite pour embellir votre solitude.

A ces mots, les deux jeunes personnes font une révérence bien roide et bien gauche : leur extérieur était cependant assez agréable; mais une grande timidité et une mise plus que simple les rendaient tout-à-fait insignifiantes. Un jeune homme de dix-huit à dix-neuf ans, qui était resté dans un des coins de l'appartement, et qu'on n'avait pas encore aperçu, s'approche alors et vient saluer Coralie.

— C'est mon fils que je vous présente ; c'est mon Auguste, dit avec un mouvement d'orgueil madame de Villebelle : il y peu de temps qu'il est sorti de pension ; il n'a point encore l'usage et les manières du monde ; je vous demande, madame, un peu d'indulgence pour sa jeunesse.

On assura sa mère qu'il n'en avait aucun besoin, et Coralie, en regardant ce jeune homme, s'aperçut que malgré son extrême timidité et la gaucherie de ses manières, il avait une très-jolie figure ; que sa taille haute et mince ne serait pas sans agrément et sans noblesse, lorsqu'il aurait acquis un peu de tournure, et surtout lorsque ses habits seraient faits à la mode. Elle cherche alors à l'encourager par quelques mots aimables ; mais il restait debout et muet devant elle, embarrassé de ses bras et de sa contenance, en se voyant l'objet de l'attention d'une aussi belle femme, et sans trouver le moindre mot à lui répondre.

Coralie, en sortant de cette maison, loua avec affectation les manières polies et distinguées de madame de Villebelle, qui prouvaient qu'elle avait habité Paris ; elle vanta la modestie et l'excellent ton de ses deux filles, et prédit que son fils serait le plus agréable jeune homme, lorsqu'il aurait perdu cet air gauche et ces manières d'écolier.

Le baron, fatigué de disputer toujours avec sa nièce, pour obtenir la paix, fut du même avis, et l'on revint au château avec des idées bien différentes de celles qu'on avait eues en en sortant. La gaîté de Coralie avait fait place à l'humeur, et une migraine affreuse vint très à propos pour la dispenser de paraître au souper.

Plusieurs jours se passèrent à recevoir des visites : le colonel Cérille et son frère vinrent présenter leurs hommages au baron et à sa brillante nièce ; ils leur témoignèrent le regret qu'éprouvait leur père de n'avoir pu les accompagner ; mais il était toujours retenu par la goutte.

Coralie fut encore plus enchantée de ces deux jeunes gens à cette seconde entrevue, et le désir d'attacher à son char le beau colonel, vint occuper agréablement sa pensée.

M. Dorval et sa belle femme vinrent aussi renouveler l'invitation pour le dimanche suivant ; mais Coralie trouva le mari plus haïssable que jamais par son bavardage et sa familiarité déplacée ; quant à sa femme, elle décida qu'elle était plus insipide et plus insignifiante encore.

Madame de Villebelle obtint la préférence; et comme elle avait passé depuis long-temps l'âge de plaire, Coralie la trouvait charmante. Elles parlaient ensemble de Paris, du grand monde, des personnes marquantes par leur rang ou leur beauté qu'elles y avaient rencontrées, et elles devinrent inséparables. Les deux demoiselles de Villebelle avaient reçu une éducation trop négligée, elles étaient trop dénuées de grâces et de tournure pour être dangereuses auprès d'une femme qui aspirait, comme Coralie, à fixer tous les regards, à captiver tous les cœurs : aussi furent-elles bien accueillies par elle; et pour acquérir le droit de blâmer les personnes qu'elle pouvait redouter, elle les loua avec enthousiasme, et ne trouva rien qui leur fût comparable. Leur gaucherie était par elle appelée décence, leur ignorance naïveté, leur peu d'usage du monde innocence, et la monotonie de leur conversation simplicité.

Enfin ce dimanche si redouté par Coralie, et qui devait être consacré à la visite de la manufacture, s'annonça sous les auspices de la plus belle journée. Le soleil s'était levé pur et serein, et la première pensée de Coralie en s'éveillant fut pour les apprêts de sa parure. Elle avait ordonné, avant son départ de Paris, qu'on lui adressât une caisse remplie de toutes ces brillantes bagatelles imposées par la mode; elle comptait sur ce puissant auxiliaire pour écraser du poids de son élégance la petite société bourgeoise qu'elle voulait bien honorer de sa présence. Mais elle fut trompée dans son attente; la caisse n'était pas arrivée, et ce fut avec dépit que la belle nièce du baron de Mercourt se vit réduite à la cruelle nécessité de se contenter d'une toilette qui ne se faisait remarquer que par sa noble simplicité. Son oncle, impatient d'arriver chez M. Dorval, la fit presser de se rendre auprès de lui. Ils furent prêts de bonne heure et partirent aussitôt. Le plus grand silence régna pendant la route; car le baron susceptible, comme on l'a déjà vu, d'une grande prévention, et fort admirateur de la beauté de madame Dorval, était très-disposé à l'indulgence pour son mari et tout ce qui l'environnait. Comme il connaissait les sentimens peu favorables de sa nièce à leur égard, il n'était pas tenté de la tirer de la profonde rêverie où elle était plongée, et l'on arriva sans qu'aucun des deux eût pensé à rompre le silence.

Coralie éprouva une grande satisfaction en entrant dans le salon, où la société était déjà réunie, d'y trouver les deux jeunes Cérille, ainsi que la famille de Villebelle. Après les premiers complimens d'usage, madame Dorval leur présenta sa soeur, la jeune et belle Henriette; Coralie ne fut pas la maîtresse de retenir un mouvement de surprise. En effet cette charmante personne était bien faite pour l'exciter; elle joignait à une taille superbe une figure pleine de grâce et de noblesse; ses yeux avaient une expression à la fois vive et tendre, et ses manières prévenantes et polies étaient accampagnés de la modestie la plus touchante.

Un déjeuner élégamment servi, et dont les deux aimables sœurs firent les honneurs avec aisance, mit tout le monde de bonne humeur, et l'on se disposa gaîment à visiter la manufacture.

M. Dorval offrit son bras à la belle Coralie; le baron s'empara de celui de madame Dorval; le colonel se rapprocha vivement de la séduisante Henriette, et son jeune frère de mamoiselle Adèle de Villebelle. On parcourut l'établissement, on visita tout dans le plus grand détail, depuis le champ de betteraves jusqu'à la parfaite confection du sucre.

M. Dorval expliquait tout avec importance; rien n'échappait à ses minutieuses observations, et la raffinerie fut surtout l'endroit sur lequel il appela toute leur attention. Il cherchait par tous les moyens possibles à captiver celle de sa belle compagne; mais l'esprit de Coralie avait pris une autre direction. Depuis longtemps ses regards inquiets suivaient le colonel; elle voyait avec un secret dépit qu'il s'occupait entièrement de la belle Henriette, et que ses yeux, naturellement si doux et si agréables, prenaient en s'arrêtant sur elle une expression plus sensible et plus tendre. Fatiguée d'un semblable tableau, elle cherche à s'en distraire en observant son jeune frère; mais sa surprise fut à son comble, quand elle l'aperçut occupé de son côté à rendre des soins à mademoiselle Adèle de Villebelle, cette jeune personne qu'elle avait jugée si froide et si insignifiante.

L'ennui que lui faisait éprouver depuis long-temps M. Dorval devint tel alors, que sans s'inquiéter de ce qu'il en pourrait penser, elle le quitta brusquement pour se rapprocher de madame de Villebelle, avec laquelle elle se mit à causer. M. Dorval n'en continua pas moins ses longues et graves dissertations, et le baron de Mercourt fut le seul qui prit ou parut prendre part à ce qu'il disait; car l'intérêt que lui inspirait madame Dorval, s'étendait jusque sur la manufacture, dont il sortit enchanté.

M. Dorval très-satisfait en voyant avec quelle complaisance le baron avait écouté les détails qu'il s'était empressé de lui donner, et il en tira un augure favorable pour la réussite des projets qu'il avait intérieurement formés.

En sortant de la manufacture on passa dans les jardins ; mais Coralie crut entrer dans une terre labourée. De tout côté l'on n'apercevait que des champs de betteraves, et pour trouver un peu d'ombrage, il fallait se rendre au fond du jardin ; Coralie ne se sentait pas le courage de le traverser à l'heure la plus chaude du jour. Elle hésitait sur le parti qu'elle allait prendre, lorsque madame de Villebelle l'engage à venir se reposer dans un petit cabinet que l'on voyait sur la gauche ; elle se laisse conduire, et bientôt la conversation de cette dame captive entièrement son attention.

— Convenez, lui dit madame de Villebelle, que ce monsieur Dorval est le plus fatigant des hommes, avec cette fureur de vous entretenir sans cesse de lui et de sa manufacture ; l'orgueil avec lequel il vous parle de ses petites idées mercantiles est insoutenable pour des personnes qui, comme nous, ont l'habitude d'un monde où de semblables détails seraient tout-à-fait déplacés.

— Il est vrai, reprend Coralie, que je ne puis le souffrir; et sa femme, avec sa feinte modestie, me paraît tout aussi orgueilleuse.

— Sa femme! dites vous? C'est la plus détestable personne : je ne connais que sa sœur qui soit plus haïssable encore.

— Elle me paraît bien, dit Coralie avec contrainte.

— Bien! dites-vous, madame? Elle n'est pas supportable; avec son affectation de simplicité, c'est la plus rusée, la plus intrigante des femmes : voyez avec quelle adresse elle a su s'emparer de l'esprit du colonel Cérille; il ne voit que par ses yeux.

— Est-ce que vous le croyez amoureux ?

— Comme un fou; il en perd la tête, et l'on dit le mariage décidé...... Ah! M. Dorval n'est pas maladroit en affaires, et celle-là ne serait pas mauvaise.

— Vous croyez le mariage décidé ?

— Oui certainement; car il est à naître qu'une chose que veut M. Dorval ne réussisse pas : c'est bien l'être le plus fin, le plus adroit; avec son air de bonhomie et de franchise, il est......

— En vérite, le colonel, reprend vivement Coralie, ferait la plus haute sottise; avec sa tournure et les avantages de sa position, épouser une petite provinciale, sans grâces et sans fortune, ce serait une honte.

A ces mots madame de Villebelle rougit et ajoute en balbutiant :

— Certainement..... vous avez bien

raison . .. encore si elle avait un nom connu, une famille présentable.....

— Il est possible que M. Cérille le père n'y consente pas.

— On assure que tout est arrangé.

— Cet homme est donc un sot ?

Ici madame de Villebelle fut embarrassée de répondre : elle avait des raisons, même des espérances qui l'obligeaient d'en faire l'éloge. D'un autre côté elle parlait à une femme à la mode, à la brillante nièce du baron de Mercourt, et il était bien bourgeois, bien provincial de dire du bien d'un parvenu, d'un marchand d'indigo ; et pour tout concilier, elle ne trouva rien de mieux à dire que..... C'est un homme immensément riche...

La société, en se rapprochant du cabinet, mit fin à la conversation, et tira d'embarras madame de Villebelle. C'était le moment du dîner ; on s'y rendit avec empressement.

Les honneurs de la journée étant

exclusivement réservés au baron, il fut placé à côté de la maîtresse de la maison ; sa nièce échut en partage à M. Dorval, et le reste de la société fut libre de se réunir selon son goût. Aussi Coralie remarqua-t-elle que le colonel était à côté d'Henriette, et son frère près d'Adèle. Elle regarda alors cette jeune personne avec plus d'attention qu'elle ne lui en avait jusqu'alors accordée, et fut étonnée en voyant combien le plaisir qui brillait dans ses yeux en écoutant le jeune Armand Cerille, donnait d'expression à sa physionomie ordinairement si sérieuse et si froide. Un costume simple, mais élégant, ajoutait à l'éclat de son beau teint, et ses cheveux d'un brun foncé et relevés avec grâce sur sa tête la rendaient presque jolie.

Le dîner, en se terminant, vint débarrasser Coralie de la contrainte qu'elle éprouvait, et ce fut avec un air de triomphe qu'elle fit son entrée dans le salon où l'on devait faire de la musique. Son talent supérieur la rassurait sur la concurrence avec la belle Henriette; et certaine qu'elle n'avait au moins là point de rivale à craindre, elle s'approcha de la harpe.

On l'entoure, on la presse de se faire entendre: après s'être fait un moment prier, elle joue avec distraction et nonchalance un morceau de la plus grande difficulté. On l'écoutait avec admiration, et Coralie jouissait avec orgueil d'un talent qui paraissait avoir captivé jusqu'au beau colonel, lorsque la charmante Henriette s'approche d'elle avec empressement. Cette jeune personne était incapable de ressentir le plus léger mouvement de jalousie, et c'était avec franchise qu'elle félicitait Coralie sur son étonnante exécution. La belle nièce du baron, satisfaite de la sensation qu'elle a produite, presse Henriette de se placer à son tour à la harpe; mais cette jeune personne assure en rougissant qu'elle n'osera jamais se faire entendre. M. Dorval insiste cependant, et sa belle-sœur, vaincue par les sollicitations de toute la société, se place à la harpe. Après avoir préludé quelques instans avec grâce, elle exécute des variations délicieuses sur l'air : *Charmant ruisseau*. Les roulades et les points d'orgue n'en défiguraient pas le motif; car le naturel et le goût faisaient le charme de son talent, et l'on sentait en l'écoutant, qu'étrangère à toute affectation, elle ne suivait que l'impulsion de son âme aimante et sensible. Coralie, sûre de sa supériorité, sembla partager le plaisir qu'on avait à l'entendre; et si la palme du talent fut adjugée à la belle nièce du baron, il était facile de juger que la politesse, bien plus que le sentiment, la lui faisait offrir. Leur manière d'exécuter était si différente, qu'elle n'admettait pas de comparaison. Chez Coralie l'art était porté au plus haut degré de perfection ; chez Henriette, c'était la nature embellie par la sensibilité et les grâces. Je laisse au goût du lecteur à décider ce qui est préférable.

La musique venait de finir : Coralie s'aperçoit que l'on s'était réuni en groupe auprès d'une embrasure de croisée, et que les regards se portaient sur elle avec attention. Elle allait s'informer de la cause, lorsque madame de Villebelle s'approche et lui présente un fort joli dessin, où Coralie était représentée pinçant de la harpe. Elle était frappante de ressemblance, et l'exécution était délicieuse.

Flattée d'avoir servi de modèle à ce charmant ouvrage, elle cherchait dans les regards de ceux qui l'entouraient quel en était l'auteur, lorsque madame de Villebelle lui présente son fils. Coralie le remercie, et charmée d'une distinction aussi flatteuse, elle lève ses beaux yeux sur les siens, et reste frappée du trouble qu'éprouvait ce jeune homme en la regardant; ce ne fut qu'au moment où tout le monde s'était dispersé dans le salon, que se trouvant seul auprès d'elle, il osa lui adresser la parole, et lui dire en rougissant *que son ouvrage était bien éloigné d'avoir la beauté du modèle.*

A ces mots, Coralie laisse tomber sur lui un de ces regards irrésistibles qui avaient déjà tourné tant de têtes: celle du pauvre Auguste ne put y résister.

Peu d'instans après chacun se retira. Le baron, très-animé par tout ce qu'il a vu et entendu pendant cette agréable journée, ne cesse de parler avec éloge et vivacité des charmes des deux sœurs, et dans son enthousiasme il n'oublie pas même les demoiselles de Villebelle. Coralie, dont il n'était pas aussi facile d'obtenir l'indulgence, voulut essayer de combattre ses idées; mais elle avait mal choisi son temps. Pour la première fois de sa vie, le baron avait une opinion différente de la sienne, et il osait la soutenir avec une opiniâtreté que rien n'aurait pu vaincre. Il annonça qu'il avait invité la société à se réunir le dimanche suivant au château; il espérait que M. Cérille le père serait rétabli pour ce jour-là, et il comptait que sa nièce les recevrait tous avec la politesse et la grâce qu'il tai t en droit d'attendre d'elle.

Coralie, étonnée de l'entendre s'expliquer avec tant de fermeté, lui promit de se conformer à ses désirs; elle avait trop d'esprit pour ne pas sentir qu'elle ne pouvait conserver d'influence sur les volontés de son oncle qu'en lui cédant quelquefois: d'ailleurs elle était elle-même bien aise d'avoir des objets de distraction ; et pour mettre à exécution les plans qu'elle avait formés, il était essentiel d'entretenir des liaisons avec ses voisins.

Plusieurs jours furent employés à rendre et recevoir des visites. Insensiblement les deux jeunes Cérille et Auguste de Villebelle vinrent plus souvent au château ; ils accompagnaient Coralie dans ses promenades : ses chevaux de main étaient arrivés. L'on fit plusieurs courses dans les environs, et Coralie revenait toujours en s'écriant qu'elle avait fait la tournée la plus agréable; que ses jeunes voisins étaient charmans, délicieux, pleins d'esprit et d'usage du monde; que ce serait un meurtre de laisser enfouir tant de mérite dans un petit village: qu'ils étaient faits pour briller sur un plus grand théâtre; et pour les arracher à la vie triste et monotone qu'ils menaient, elle ne trouva rien de mieux imaginé que d'essayer sur eux ses grands moyens de séduction.

— C'est un service à leur rendre, pensait-elle, que de les dégoûter des choix peu distingués qu'ils ont faits. Le colonel est trop remarquable pour s'ensevelir au fond d'une insipide province avec cette beauté villageoise, et son frère serait enterré tout vivant, avec une femme aussi nulle qu'Adèle de Villebelle. Quant à Auguste, il est encore bien jeune, bien timide; de long-temps il ne sera formé : mais elle le regardait comme une distraction qu'il fallait se ménager dans le cas où elle ne parviendrait pas à rompre les petits arrangemens qui lui paraissaient si ridicules.

Après avoir mûri ces grands projets dans sa tête, Coralie songea au moyen de les réaliser. Elle employa ces agaceries fines, ces préférences flatteuses, ces petits mots à double entente, qui ont l'air de s'échapper malgré soi; mais le colonel Cérille avait habité Paris: il connaissait parfaitement le monde et les femmes. Il ne fut pas dupe du manége et de la coquetterie de Coralie : son cœur, épris d'un amour sincère et fondé sur les qualités les plus rares, ne pouvait être ni touché, ni sensible à de pareilles avances. Il se contenta donc d'y répondre par le témoignage du respect le plus profond, et ces égards, cette considération froidement polie, qui excluent toutes poir d'un sentiment plus vif.

Coralie, blessée de cette conduite, revint promptement de la bonne opinion qu'elle avait du colonel; son esprit lui parut alors aussi borné, aussi étroit que sa figure était noble et distinguée; et l'abandonnant à son malheureux sort, elle réunit tous ses moyens de plaire en faveur de son frère.

Ce jeune homme, moins épris d'Adèle que le colonel ne l'était d'Henriette, fut très-flatté de se voir l'objet de la bienveillance d'une personne aussi remarquable que Coralie, et il se laissa doucement entraîner sur les traces de la brillante nièce du baron. Armand Cérille était plus jeune que son frère ; il n'avait jamais été à Paris; il connaissait peu le monde, et il était incapable de pouvoir discerner le langage de la coquetterie de celui du sentiment. La vanité lui persuada donc facilement qu'il avait touché le cœur de cette belle femme, et fier d'une aussi flatteuse conquête, il négligea bientôt la douce et modeste Adèle, pour s'attacher entièrement au char de cette nouvelle Armide; et soit qu'elle fût à la promenade, soit qu'elle restât au château, on était toujours assuré de le trouver près d'elle.

Cependant le colonel, effrayé des

suites qu'un pareil penchant pouvait avoir pour le bonheur de son frère, essaya plusieurs fois de lui faire des observations sur une conduite aussi peu convenable au moment de se lier pour jamais avec la famille de Villebelle. Armand lui répondait toujours avec gaîté qu'il n'avait rien à craindre pour sa tranquillité, et que son cœur était entièrement à Adèle.

— Mais vous passez votre vie chez Coralie, lui répondait le colonel.

— Cela n'a rien de commun avec mes sentimens.

— Quel est donc votre espoir?

— De jouir de la société de la femme la plus aimable, la plus séduisante, la plus belle.

— Vous n'avez donc pas songé au chagrin de la pauvre Adèle.

— Pourquoi s'inquiète-t-elle? ne sommes-nous pas promis l'un à l'autre. D'ailleurs Coralie est mariée.

— Croyez-vous, Armand, que le don

de votre main pût satisfaire mademoiselle de Villebelle, si votre cœur ne devait pas l'accompagner ?

— Et qui vous parle du contraire ? qui vous dit que je ne l'aime pas ? Certainement elle m'est chère ; mais ne puis-je pas l'aimer et profiter des agrémens que procure la société d'une personne aussi distinguée que Coralie ?

— Ainsi, mon frère, vous jouez avec cette légèreté le bonheur de votre vie : vous enfoncez froidement le poignard dans le cœur d'une jeune personne qui vous aime, que vous aimiez vous même avant l'arrivée de cette fatale beauté ; et sans égard pour les liens qui doivent bientôt vous unir à une autre, sans songer à la peine que vous allez causer au meilleur des pères, vous sacrifiez à une franche coquette, qui se rit de vos sentimens, en se faisant un jeu cruel de les exciter, les espérances que nous avions tous fondées sur votre union avec Adèle.

— Mais je compte toujours l'épouser.

— Avec une passion aussi insensée dans le cœur ?

— Est-il donc indispensable d'avoir de l'amour pour sa femme ; l'estime, la confiance ne suffisent-elles pas ?

— Ah ! mon frère, mon frère, lui répond avec sensibilité le colonel, que vous affligez mon cœur en vous entendant parler ainsi du plus solennel des engagemens ! celui qui demande le plus de réflexions et de rapports dans les sentimens.

— En vérité, je ne sais, dit Armand, où vous avez pris ces idées du bon vieux temps ; mais il me semble que je dois savoir mieux que personne ce qui peut assurer mon bonheur.

Après cette conversation, les deux

frères se séparèrent pour la première fois de leur vie avec humeur. Le colonel fut confier ses craintes à sa chère Henriette, et Armand revint aux pieds de sa brillante idole.

Celle-ci, charmée de l'ascendant qu'elle avait pris sur le cœur de ce jeune homme, s'amusait à le plaisanter sur ses affections villageoises. Dans les commencemens il rougissait, balbutiait; mais Coralie qui savait que l'arme du ridicule est la plus meurtrière, l'employait avec esprit et malice, et Armand finit par plaisanter à son tour de ses amours romanesques avec mademoiselle de Villebelle.

Dès ce moment Adèle perdit à ses yeux tous les agrémens qu'il avait admirés en elle; et jusqu'aux qualités supérieures qui la lui avaient rendue si chère, tout s'anéantit sous les traits satiriques et empoisonnés de sa dangereuse rivale.

Un jour que Coralie se promenait, en donnant le bras à son jeune adorateur, elle fit tomber, comme à l'ordinaire, la conversation sur cette petite Adèle, et ne cessait de s'étonner qu'il eût sérieusemennt songé à l'épouser.

— Je ne vous connaissais pas, lui dit Armand avec chaleur. J'ignorais qu'il existât une femme qui seule pouvait réaliser les rêves de la plus brillante imagination, et la volonté demon père qui fait le plus grand cas d'Adèle.....

— Le plus grand cas! et pourquoi? reprend avec étonnement Corélie.

— Il est vrai, dit avec embarras le jeune Cérille, il est vrai que mademoiselle Adèle est une personne du plus grand mérite.

— Du plus grand mérite!

— Oui, et si elle n'est ni aussi belle, ni aussi aimable qu'il faut l'être dans le monde pour s'y faire remarquer, il serait cependant injuste de lui refuser les qualités les plus nobles et les plus précieuses; je pense même que son époux sera très-heureux.

— Très-tranquille du moins, reprend Coralie avec un dépit mal déguisé

—Oh! oui, très-heureux! Et un soupir à demi-étouffé s'échappe du cœur d'Armand.

— En vérité, je ne vous comprends pas, dit en riant Coralie; je ne comprends pas comment une personne sans tournure, sans grâces, et même dénuée d'esprit, pourrait faire le bonheur d'un homme raisonnable, d'un homme du monde.

Armand rougit en entendant faire un pareil portrait de la femme qui l'avait occupée si long-temps, et à laquelle même il était engagé; il répondit avec vivacité :

— Elle est du moins la plus sensée, la plus estimable des femmes. Ah! si vous la connaissiez comme moi, si vous saviez de quoi est capable son cœur sensible et bon, si vous saviez tout ce qu'elle a fait pour sa famille! Madame de Villebelle lui doit le repos de ses jours; c'est à elle, c'est à ses soins généreux qu'elle est redevable de l'existence dont elle jouit. Adèle a fait le sacrifice du bien qui lui revenait de son père, afin de rendre les dernières années de la vie de sa mère, sinon brillantes, au moins paisibles.

— Achevez, dit Coralie en s'efforçant de sourire, achevez; j'aime vos descriptions: elles sont d'un pathétique..... En honneur, c'est un prodige que cette Adèle, et je ne m'étonne plus si le bon papa en est fou : elle sera, je le parie, la meilleure garde-malade qu'on puisse trouver à vingt lieues à la ronde.

— J'ignore si elle sera la meilleure garde-malade ; mais je sais qu'elle est la plus douce et la plus indulgente des femmes.

Coralie, piquée au vif du ton avec lequel Amand avait prononcé ces derniers mots, continua sa promenade en silence. Armand, effrayé de la vivacité de sa repartie, qui paraissait avoir déplu à sa belle compagne, essaya de l'adoucir par toutes les flatteries imaginables ; mais Coralie, offensée de la manière dont il avait osé prendre le parti d'Adèle, résolut de lui faire payer cher le retour de ses bonnes grâces.

Ils revenaient, livrés chacun de son côté aux réflexions les plus bizarres ; lorsqu'au détour du petit bois qu'ils venaient de quitter, ils aperçurent Auguste de Villebelle, qui triste et pensif suivait lentement une allée qui le conduisait droit à eux ; il était tellement occupé qu'il n'aperçut Coralie qu'à l'instant où il était près d'elle. En voyant Armand à ses côtés, il ne put retenir un mouvement de surprise mêlée de crainte.... et une excessive pâleur remplaça sur ses traits la vive rougeur que la présence de Coralie lui occasionait toujours.

Une conversation embarrassée et contrainte s'engage entre ces trois personnes, et l'on revient au château sans qu'aucune ait repris sa contenance habituelle.

Armand salue aussitôt, et se hâte de s'éloigner pour rêver à son aise aux discours pleins de malignité de Coralie. Saisi, agité, il ne sait comment s'expliquer les mouvemens tumultueux qu'excite dans son âme la douloureuse idée de renoncer à son Adèle; car il ne peut se dissimuler que telle est le but de Coralie. Il repasse alors dans sa mémoire les vertus modestes de cette intéressante personne; il se rappelle les marque d'affection qu'elle lui a données : il se sent ému en songeant au bonheur doux et pur qu'il s'était promis de son union avec elle, et il ne peut se décider à prendre le cruel parti de l'abandonner. D'un autre côté, il ne veut point renoncer à l'espoir que lui a laissé entrevoir la séduisante Coralie, et il reste indécis sur le parti qu'il doit prendre, sans trouver dans son cœur assez de force pour résister à l'attrait qui l'entraîne sur les pas de la belle nièce du baron, ni assez d'amour pour oublier entièrement la douce et sensible Adèle. Que fera-t-il donc? Rien. Il attendra, pour sortir du labyrinthe dans lequel l'a jeté son imprudence, que les circonstances lui présentent le fil qui doit guider sa marche incertaine et tremblante. C'est ainsi que le faible Armand, en proie à ses irrésolutions, interroge son cœur; mais il n'y trouve que trouble et confusion. Hélas! qu'y aurait-il vu?

Aurait-il eu le courage de s'avouer que la vanité, ce sentiment si impérieux sur la plupart des hommes, et qui a si souvent triomphé du véritable amour, était la seule puissance qui l'enchaînait à Coralie.

En rentrant au château, Coralie ne put assez maîtriser son humeur, pour qu'elle n'échappât point aux regards scrutateurs et jaloux d'Auguste, qui acquit alors la triste certitude du tendre intérêt que le jeune Cérille inspirait à cette belle personne.

Dès ce moment il sentit s'élever dans son cœur les mouvemens de la haine la plus profonde contre le trop heureux Armand, et les colorant à ses yeux du prétexte que le bonheur de sa sœur en était le motif, il ne laissa échapper aucune occasion d'en donner publiquement des marques. Armand y répondait avec la vivacité et l'imprudence si naturelles à la jeunesse, et leurs démêlés devinrent si vifs et si graves, que M. Cérille le père se vit obligé d'en faire des reproches à son fils.

Armand saisit avec empressement cette circonstance, pour le prier de différer son mariage avec mademoiselle de Villebelle. Ce bon père affligé de cette demande, mais bien éloigné d'en deviner le motif secret, y consentit dans l'espoir que ces légers nuages se dissiperaient, et que le moment d'appeler la jeune Adèle sa fille n'était que retardé.

Un mois s'écoula ainsi sans apporter de changement à la conduite des deux futurs beaux-frères. Ils passaient leur vie auprès de Coralie, qui les accueillait également bien, mais sans aucune préférence marquée. Ils étaient alors contraints de dissimuler leur haine jalouse, lorsque le mariage du colonel vint, en la ranimant, porter la désolation dans le sein de leurs malheureux parens.

Cette époque avait été marquée pour célébrer en même temps l'union des deux frères. Mais Armand ayant obtenu un délai, le colonel fut le seul qui pressa son père d'assurer son bonheur.

Les aprêts les plus magnifiques furent ordonnés pour qu'une fête brillante signalât cet heureux jour. Le baron de Mercourt fut le premier invité, et Coralie se fit une jouissance bien vive d'écraser de son luxe et de sa beauté toutes les beautés qui devaient s'y trouver.

Armand accompagna son frère à l'autel. Mademoiselle de Villebelle s'y était rendue ; et sans laisser paraître la moindre altération sur ses traits, elle partagea les vœux qu'on formait en faveur de cet heureux couple ; mais à peine la célébration du mariage fut-elle terminée, que la sage et prudente Adèle se retira dans sa modeste habitation. Là seule, livrée à ses tristes pensées, elle se rappela les regards d'Armand, fixés sur la belle Coralie, pendant cette cérémonie touchante; elle se rappela ses moindres mouvemens, et certaine que le cœur de son amant ne lui appartenait plus, elle offrit à Dieu le sacrifice de son bonheur.

Un bal magnifique termina la journée qui venait d'assurer la félicité des deux époux. Une foule de jeunes beautés y disputèrent le prix de la grâce et de l'élégance; mais il fut décerné à Coralie. Son nom, le rang élevé de son oncle, sa parure éblouissante de pierreries, et cet usage du monde qui impose si aisément à la multitude, contribuèrent à son triomphe, et augmentèrent l'enthousiasme de ses deux jeunes adorateurs. Armand avait besoin de ce prestige pour combattre les sentimens que lui faisait éprouver la conduite noble et simple d'Adèle.

Madame de Villebelle s'était rendue au bal, afin d'éviter que le retard apporté au mariage de sa fille ne fût interprêté d'une manière offensante pour elle. Le prétexte d'une indisposition éloigna les soupçons que n'aurait pas manqué de faire naître l'absence d'Adèle; et madame de Villebelle conserva en apparence le même calme et la même gaîté : ses prévenances et sa politesse furent les mêmes pour Coralie.

La physionomie d'Auguste portait seule l'empreinte des émotions de son âme; il était facile d'y lire l'impression pénible que la vue d'Armand y excitait. Ses yeux suivaient avec une inquiète curiosité les yeux de Coralie, et lorsque Armand s'approchait d'elle, un air menaçant et terrible venait altérer la douceur de ses traits, et l'on voyait qu'il n'attendait qu'un prétexte pour laisser éclater son mécontentement.

Coralie leur avait promis de ne point accepter d'autres chevaliers pour le bal, et de se partager également entre eux; les tours étaient fixés, leur rang assigné, lorsque Auguste prétendit disputer le pas à Armand. Une querelle s'engage alors; les propos les plus durs et les plus déplacés se succèdent avec vivacité : l'autorité de leurs parens put à peine en arrêter les effets. Cependant Auguste jette un regard sur Armand qui se hâte d'y répondre. La paix semble rétablie, et ce léger nuage n'empêcha pas la fête de continuer paisiblement jusqu'à la fin.

Le lendemain Coralie était encore livrée aux douceurs du repos. Les songes les plus enchanteurs voltigeaient autour d'elle, en lui retraçant ses succès de la veille; tout à coup les rideaux de son lit s'ouvrent avec violence, et la voix de son oncle vient l'arracher à ses riantes illusions.

— Levez-vous et suivez-moi, lui dit avec émotion le baron.

— Pourquoi, lui répond Coralie?

— Hélas! puissiez-vous l'ignorer, puissiez-vous ignorer les malheurs que vous venez d'attirer sur les respectables familles qui nous ont accueillis avec tant d'empressement et de joie, et que vos fatales inconséquences viennent de plonger dans le désespoir!

— Oh! ciel! qu'est-il donc arrivé?

— Armand et Auguste se sont battus ensemble ce matin. Auguste est blessé mortellement, et Armand est en fuite!!!

Coralie n'avait point un mauvais cœur: cet affreux événement la consterna. Elle se reprocha alors avec amertume la légèreté d'une conduite dont les suites étaient si funestes, et qui avait entraîné ces deux malheureux jeunes gens à l'action la plus coupable, puisqu'en privant l'un de la vie, elle livrait l'autre à d'éternels remords.

Après un semblable éclat, Coralie ne pouvait plus habiter près de ceux dont elle avait anéanti l'espoir, et flétri l'existence.

Les ordres sont aussitôt donnés pour le plus prompt départ. On fait les malles à la hâte; on se renferme dans l'intérieur des appartemens, afin d'éviter l'indignation générale, qui aurait pu porter à quelque action violente contre l'imprudent auteur de ce désastre.

A la nuit tombante, l'oncle et la nièce montent en silence dans la même voiture qui quatre mois avant les avait conduits dans ce château, où les attendaient la considération et l'estime, et d'où ils fuient maintenant avec honte.

Pendant le voyage ils furent tristes et rêveurs. Coralie se reprochait les suites qu'avait entraînées son funeste penchant à la coquetterie, et la résolution de se corriger vint un moment effleurer sa pensée. De son côté, le baron était plongé dans les réflexions les plus tristes, et s'il n'adressait aucun reproche à sa nièce, c'est qu'il n'était pas non plus exempt de blâme. Entraîné par les charmes de madame Dorval, il avait placé une somme considérable dans sa manufacture, et une foule de circonstances lui faisait craindre qu'elle ne fût plus que hasardée; aussi était-il plus grave et plus sentencieux que jamais, et il répétait avec un air chagrin :

— Oui, je l'ai dit cent fois, *la folie est le guide de l'amour.*

Coralie cette fois ne chercha point à combattre l'opinion de son oncle ;

elle était même tentée de la partager, lorsque les premiers rayons du soleil vinrent éclairer le haut des édifices, et les pointes des clochers qui se dessinaient dans l'éloignement. Le nom de Paris se fait entendre; le Poitou alors est loin, bien loin de Coralie; et les réflexions affligeantes, les regrets amers, tout disparaît pour faire place à de nouvelles espérances. Coralie n'a plus d'autre désir que de dominer encore sur le brillant théâtre où elle se trouve ramenée. Mais de quels moyens, de quels prestiges se servira-t-elle pour ressaisir un sceptre que la mode distribue au hasard, mais que l'on n'obtient pas deux fois? Elle se décide alors à ne fonder désormais son empire que sur les charmes de son esprit, sa beauté ne devant plus contribuer qu'à le faire ressortir davantage.

Satisfaite d'une aussi prudente détermination, les premiers instans de son arrivée à l'hôtel de Mercourt sont consacrés aux soins de réaliser ce séduisant projet.

Les bals et les fêtes bruyantes sont remplacés par des soirées qui réunissent ce que Paris offre de plus célèbre dans tous les genres; des jours particuliers sont assignés pour y entendre la lecture des ouvrages nouveaux. La faveur prodigue les suffrages à l'auteur auquel on porte de l'intérêt : le talent modeste et retiré y a peu d'accès, et c'est du salon de Coralie que s'élèvent ou s'abaissent les réputations naissantes; les couronnes y sont distribuées d'avance par les mains de la beauté; aussi les jeunes littérateurs, les gens qui aspirent aux places, recherchent-ils avec empressement une société où il est fort essentiel d'avoir des partisans, de crainte d'y rencontrer des ennemis : et c'est ainsi que la foule se porte de nouveau chez la belle et redoutable Coralie.

Mais son triomphe ne serait pas complet, si les hommes les plus marquans, ceux dont les talens et la réputation ne peuvent être contestés, n'étaient pas les témoins et les juges de ses savans arrêts. Les invitations les plus flatteuses, les moyens les plus ingénieux et les plus adroits sont tour à tour employés pour les attirer dans son cercle.

C'est alors que l'on vit cette foule d'écrivains distingués, de littérateurs fameux, abandonner les méditations du cabinet pour visiter l'hôtel de Mercourt, et le salon de Coralie devint un nouveau temple des Muses.

Mais si Paris est le pays du monde où l'on a le moins d'idées à soi, il est en même temps celui où l'on sait le mieux s'approprier celles des autres. Toutes les femmes riches ou titrées, spirituelles ou à la mode, toutes voulurent imiter la belle nièce du baron de Mercourt, et avoir à leur tour *des soirées Coraliennes* : quelques-unes le tentèrent avec succès. Les hommes connus et distingués sont alors accablés d'une multitude d'invitations, et pour répondre à tant d'empressement, ils sont forcés de paraître un moment d'un salon dans un autre. La société devint alors pour eux une course fatigante et pénible : il fallut faire un choix ; les femmes les plus persévérantes éclipsèrent les autres. Coralie, fière de ses succès, négligea les moyens de les rendre durables ; et blessée qu'on eût un moment balancé entre elle et ses nombreuses rivales, dédaigna de lutter avec elles. Encouragée par les éloges ou les flatteries de ses partisans, elle était capable d'une grande persévérance ; mais privée de ce puissant véhicule, elle tombait dans l'indifférence et l'apathie, abandonnait ses projets avec autant de facilité qu'elle les avait formés, et fuyait la gêne qui n'avait pas pour récompense les louanges de la multitude.

Avec une telle manière de sentir, Coralie était incapable de l'emporter sur les belles concurrentes qui se montraient si empressées de rivaliser avec elle. Se renfermant alors avec dépit et humeur dans l'intérieur de ses appartemens, elle en fait soigneusement fermer la porte à ceux qui, par convenance ou un reste de goût, continuaient à la visiter; et affectant de bouder le genre humain, elle s'aliéna par cette conduite bizarre et maladroite le peu d'amis qui lui restaient encore, et au bout de quelques jours elle se trouva seule. Mais promptement fatiguée d'une aussi grande solitude, elle se décide à recevoir de nouveau ceux qui se présenteraient : il n'était plus temps ; la foule une fois écartée, prend une autre direction : Coralie avait par ses caprices indisposé toutes ses connaissances, et il lui fut impossible de les ramener. C'est ainsi qu'après avoir eu une cour brillante et nombreuse, qu'après avoir été tour à tour l'arbitre de la mode et l'oracle du goût, elle se voit seule, abandonnée. Plus d'encens, plus d'hommages. Que va-t-elle donc devenir, dépouillée du culte qui l'a fait vivre? Elle cherche s'il ne lui reste pas quelques débris de ce grand naufrage........ Mais c'est en vain qu'elle appelle ; pas une voix qui lui réponde, pas un cœur qui s'attendrisse en sa faveur et qui aille audevant du sien : tout est silencieux et muet autour d'elle.

Incertaine dans ses projets, combattue dans ses désirs, Coralie ne savait plus comment occuper ses loisirs, lorsque le hasard, qui est la dernière providence des êtres abandonnés à eux-mêmes, lui inspira une idée, qui en s'emparant exclusivement de sa tête, acheva de détruire le reste de considération que son nom lui attirait encore.

Un jeune musicien, nommé Saint-Alphonse, avait été admis chez elle dans le temps de ses soirées brillantes. Son chant délicieux, sa tournure agréable, et le prestige attaché à un nom célèbre, l'avaient fait accueillir avec une distinction particulière : Coralie l'avait souvent accompagné sur la harpe, et ils avaient eu plusieurs occasions de se voir pour étudier les morceaux qu'ils devaient exécuter ensemble : il en était résulté une légère intimité. Ce jeune homme, flatté des politesses qu'il avait reçues à l'hôtel de Mercourt, continua de s'y présenter, et fut bien reçu par Coralie, dont l'isolement forcé donnait aux visites de ce jeune artiste un prix inestimable. Il proposa de continuer à faire de la musique; elle accepta: insensiblement il vint tous les soirs à l'hôtel. Bientôt sa présence lui devint nécessaire; elle le consultait sur tout, et ne se décidait que d'après ses avis. C'est ainsi qu'insensiblement elle lui laissa prendre une grande influence sur son esprit et sur ses opinions. Ce jeune homme était fin et adroit; il s'aperçut facilement de son empire, et résolut d'en profiter.

Il y avait plus d'un mois que cette liaison durait, lorsqu'il se présenta un jour chez Coralie avec un air triste et abattu, en lui annonçant les larmes aux yeux qu'il venait prendre congé d'elle, pour aller chercher la fortune en pays étranger.

Coralie n'avait jamais eu l'idée que cette nouvelle connaissance dût si tôt lui manquer. Elle manifesta son chagrin de manière à persuader Saint-Alphonse de l'intérêt qu'elle lui portait. Elle combattit avec vivacité son projet, et fit valoir habilement les motifs qui devaient le dissuader de s'expatrier ; mais inébranlable dans sa détermination, il parle avec chaleur des avantages que doivent lui procurer ses talens.

— Ce n'est point parmi les siens, lui disait-il, ce n'est point dans son propre pays que les récompenses et les honneurs viennent encourager un artiste. L'Allemagne, l'Angleterre, la Russie, voilà la terre promise des arts. C'est là que je vais diriger mes pas, et cueillir les couronnes qui m'attendent. Si quelque chose peut me surprendre, c'est que le désir de parcourir ces belles contrées n'enflamme pas toutes les imaginations, n'exalte pas toutes les têtes.

Saint-Alphonse parla avec un enthousiasme fait pour gagner insensiblement Coralie, qui finit par approuver son dessein.

— Allez, lui dit-elle, cueillir les palmes qui vous attendent, et croyez que vous avez ici une amie qui s'unira par la pensée à vos brillans succès.

Le regret que sa fortune et sa position ne lui permissent pas de les partager, s'échappa de ses lèvres. Saint-Alphonse sut habilement en profiter.

— Eh! qui peut donc vous empêcher de voyager, reprend-il aussitôt: vous vivez maintenant seule, isolée; vous êtes jeune, belle, riche, remplie de talens et de grâces; quittez la France, montrez-vous, et partout les plus grands succès vous attendent encore.

Un pareil tableau était fait pour séduire et entraîner la vive et légère Coralie. Sa tête se monte à l'idée de parcourir l'Europe, en attirant partout les regards et l'admiration, et sans être retenue par aucune considération, sans même s'apercevoir de l'inconvenance d'un pareil projet, elle promit à Saint-Alphonse d'aller le rejoindre en Allemagne.

Parvenu ainsi, plus aisément qu'il ne pouvait s'en flatter, au but qu'il désirait, il donne à Coralie tous les renseignemens qui doivent servir à leur prochaine réunion, et s'éloigne de sa belle conquête enivré d'espérance et de joie.

A peine l'a-t-il quittée, que Coralie vole chez son oncle pour lui faire part de ses projets. La crainte qu'il pourrait y mettre obstacle ne s'offre point à sa pensée : elle l'a toujours trouvé si disposé à encourager par son approbation toutes ses folies, qu'elle ne met pas en doute de le faire consentir à cette nouvelle fantaisie.

Mais Coralie cette fois s'était trompée, et elle reste stupéfaite en acquérant la certitude qu'elle a perdu cet empire absolu dont elle a si longtemps abusé.

Le baron s'étonne que sa nièce ait eu l'idée qu'il pourrait consentir à un semblable voyage.

— Ma santé, lui dit-il, ne me permet pas de l'entreprendre avec vous, et je ne suppose pas que vous ayez l'intention de m'abandonner dans l'état de souffrance où je me trouve réduit depuis quelque temps : d'ailleurs une femme de votre âge et de votre rang ne peut voyager seule avec quelque convenance, et j'espère que cette considération saura vous arrêter, si votre cœur ne vous en fournissait pas d'autre.

Coralie essaye alors de persuader à son oncle qu'un changement d'air serait favorable à sa santé.

— Vous êtes tourmenté par une goutte opiniâtre : visitons ensemble l'Allemagne, l'Angleterre; vous prendrez en passant les eaux de Pyrmont, de Bade, de Batz; et leurs bienfaisantes propriétés triompheront promptement de cet ennemi de votre repos. Venez, mon oncle, partons.

Le baron jette sur sa nièce un triste regard.

— Eh quoi! lui répond-il, c'est avec cette légèreté, cette insouciance, que Coralie me donne un semblable conseil. C'est pour essayer de briller encore sur un nouveau théâtre, qu'elle risquerait ainsi la vie de celui qui lui a fait tous les sacrifices, et qui n'a jamais balancé à satisfaire ses goûts et ses caprices, même aux dépens de sa tranquillité et de son bonheur; et c'est lorsqu'il est hors d'état de pouvoir supporter le moindre changement, qu'elle lui propose froidement d'entreprendre un voyage long, difficile, fatigant, et dont le résultat ne peut être favorable qu'à sa vanité.

Coralie balbutie, s'embarrasse, et finit par avouer à son oncle qu'elle a

Paris en horreur, et que pour elle-même sa santé exige un changement d'air et de lieu.

— Je vous défends, lui dit alors le baron avec une voix altérée par l'indignation et la colère, je vous défends de me parler encore d'une pareille extravagance. Tâchez d'effacer les fautes qui ont marqué vos premiers pas dans le monde par une conduite qui ne me fasse pas rougir de vous avoir placée dans ma famille; n'oubliez pas surtout que vous avez un époux.

— C'est parce que je ne l'oublie pas, répond Coralie, que je veux aller le rejoindre en Allemagne où il est maintenant: mon devoir et mon inclination me portent à cette démarche, et je suis décidée à faire seule le voyage, puisque votre santé est un obstacle insurmontable à ce que vous puissiez m'accompagner.

— J'espère, lui dit avec saisissement le baron, que la réflexion vous fera sentir l'inconvenance d'un pareil projet : ce n'est point au milieu des camps que peut se trouver avec décence la nièce du baron de Mercourt, l'épouse de Charles.

L'oncle et la nièce terminèrent alors un entretien pénible pour tous les deux : le baron espérait avoir ramené Coralie au sentiment de ses devoirs : mais l'opposition qu'elle avait rencontrée à ses volontés lui parut le comble de la tyrannie ; et l'attribuant à l'âge avancé et aux infirmités qui depuis quelque temps avaient altéré la santé du baron, et influé sur son caractère, elle résolut de n'en pas être la victime. Elle donne en secret les ordres pour son prochain départ. Une femme de chambre est mise dans la confidence ; on enferme dans des malles les effets les plus précieux, sans oublier les pierreries dont son bon oncle s'était fait un bonheur de la parer. Tout est réuni avec soin. Une chaise de poste est retenue, et deux jours après cet entretien elle quitte, à la nuit tombante, son appartement, descend en silence, passe avec précaution devant la chambre à coucher du baron ; et sans être arrêtée par aucun regret, sans éprouver la moindre émotion, sans même jeter un regard sur la porte qui lui dérobe la vue de celui qu'elle abandonne à ses souffrances, après avoir été comblée de ses bienfaits, elle s'élance dans la voiture qui l'attendait.

C'est ainsi que l'ingrate Coralie sortit furtivement de cet hôtel, où l'avait accueillie tant de bienveillance et d'affection, pour courir après les fugitives et mensongères illusions de la vanité.

Elle avait laissé, en partant, un billet pour son oncle; il lui fut remis le lendemain à son réveil.

Le baron n'était pas préparé au

coup que lui porta la nouvelle du départ de sa nièce ; l'indignation qu'il éprouva à la lecture de son froid billet lui occasiona une révolution : la goutte remonta dans sa poitrine, et les accidens devinrent si violens que ses jours furent dans le plus grand danger.

L'événement qui en avait été la cause révolta tout le monde contre l'insensible et frivole Coralie. On lui prêta les motifs les plus offensans ; les histoires les plus absurdes circulèrent sur son compte, et augmentèrent encore l'intérêt qu'inspirait son malheureux oncle. Le rang élevé qu'il tenait dans le monde, les qualités brillantes qui le distinguaient, lui avaient acquis l'estime et la considération générale ; et l'empressement avec lequel on se présentait à sa porte, pour en savoir des nouvelles, aurait peut-être contribué à le consoler de l'ingratitude de sa nièce; mais il fut plusieurs jours dans un état d'insensibilité qui résista long-temps aux soins qu'on lui prodiguait.

Les accidens cédèrent enfin aux efforts des gens de l'art. Une nuit qu'il avait reposé un peu plus tranquillement, il se réveille avec sa parfaite connaissance. Le souvenir de sa coupable nièce vient aussitôt s'offrir à sa pensée. Ne pouvant croire à la réalité d'une pareille ingratitude, il ouvre avec vivacité les rideaux de son lit, et porte avec inquiétude ses regards sur ce qui l'environne. Il cherche s'il n'apercevra pas à ses côtés celle qui occupe si péniblement son esprit.

Une lampe seule éclairait sa chambre, et répandait une lumière pâle et vacillante, qui dessinait à peine les objets. Une jeune femme était assise devant une petite table, sur laquelle était posé un breuvage qu'elle venait de préparer. Son âge, sa taille, tout persuade au baron que c'est la fugitive : il ne doute pas que ce ne soit Coralie.

—Elle s'est repentie. C'est elle, disait-t-il en lui-même ; et l'impression qu'il éprouve, vient animer ses traits décolorés. La jeune femme, attentive à ses moindres mouvemens, se lève, s'empare du breuvage, s'approche du lit, et le présente au baron. Il regarde alors avec attendrissement celle qui lui rend des soins si touchans; mais ses yeux se sont à peine arrêtés sur elle, qu'il pâlit ; un cri de surprise lui échappe ; le vase tombe de sa main tremblante : il a reconnu Amicie.....

L'âme du baron est agitée par une foule de sensations tumultueuses; il croit qu'un songe l'abuse. Est - ce bien une réalité qui s'offre à sa vue ?

Quoi ! c'est Amicie qui prend soin de ses jours, qui s'intéresse à leur conservation!...Amicie qu'il a dédaignée, qu'il a rejetée !.....Ses yeux s'abaissent avec confusion vers la terre ; le coloris de la honte se répand sur ses traits, et il reste sans voix devant l'être céleste qui ne sait se venger que par des bienfaits.

Madame de Saint-Elme était trop occupée pour remarquer les impressions diverses qui se manifestaient tour à tour sur la physionomie du baron. Elle ne vit que le danger qu'il avait couru, et lui témoigna combien elle avait été heureuse de l'avoir éloigné par ses soins.

— Madame de Rozamberg était absente au moment où vous avez si fort alarmé vos amis, lui dit-elle ; elle ne pouvait pas voler à votre secours. Ce soin me regardait donc, et c'est avec le zèle de la plus tendre amitié que je suis accourue près de vous : il a été payé par le plus heureux succès. J'espère, monsieur le baron, que vous voudrez bien ne pas vous séparer de votre garde-malade, et que vous viendrez achever votre convalescence au château de Mercourt.

Le baron ne répond à madame de Saint-Elme que par un regard... mais que ce regard était expressif, et qu'il disait de choses ! Amicie l'a compris. Elle se hâte de refermer les rideaux de son lit, en le conjurant de se tranquilliser, et de ne pas retarder volontairement sa guérison.

Retiré dans la solitude de ses pensées, le baron repasse dans sa mémoire les divers événemens de sa vie : il ne peut se dissimuler que son excessif orgueil ne se soit opposé à son bonheur. C'est l'orgueil blessé qui lui inspira la funeste démarche dont son frère et l'infortunée Louise furent si cruellement les victimes ; il avait adopté Charles, et c'est encore son orgueil qui lui a fait dédaigner Amicie, pour donner la préférence à l'ingrate qu'il a honorée du titre de sa nièce.

— Oui, c'est mon indomptable orgueil, répétait-il avec émotion, qui m'a fait méconnaître cet ange de bonté ! Ah ! Charles, qu'ai-je fait? Abusant d'un moment d'erreur, je t'ai forcé de contracter des liens sans attraits pour ton cœur, et je t'ai précipité moi-même dans un abîme de malheurs!

Une sombre tristesse s'empare de son âme; ses yeux semblent craindre de rencontrer les regards doux et célestes d'Amicie. Il évite ses soins, et l'expression déchirante de ses regrets se peint sur sa physionomie décolorée.

Madame de Saint-Elme a lu dans son cœur; elle sent qu'elle n'a rien fait encore, si elle n'y rétablit le calme. Elle emploie alors ces soins prévenans, ces exhortations touchantes, qui sondent les blessures du cœur, en les cicatrisant. Elle frappe juste le but qu'il faut atteindre; il l'écoutait avec un attendrissement mêlé de respect, et la consolation descend dans l'âme du baron à la douce voix d'Amicie.

Sa santé était assez rétablie pour qu'on pût le transporter sans danger au château de Mercourt. Madame de Saint-Elme préside elle-même à tous les arrangemens du voyage : ils partent. La présence de sa jeune et belle amie fait disparaître aux yeux du baron les fatigues de la route, car il était passé, avec l'enthousiasme naturel à son esprit, de la plus dédaigneuse indifférence à la plus tendre admiration pour cette femme angélique; et pour la première fois de sa vie, son enthousiasme était un hommage à la vérité.

M. de Saint - Elme s'était empressé d'aller au-devant du baron, et l'accueillit avec cette respectueuse affection que méritaient son âge et ses malheurs; il serre avec tendresse son Amicie sur son cœur, et plaçant son jeune et bel enfant entre ses bras, il jouit avec délices de l'émotion que cet objet chéri fait éprouver à sa tendre mère.

Saint-Léon et son intéressante compagne se joignent à M. de Saint-Elme pour féliciter les nouveaux arrivés, et partout l'expression du bonheur anime les êtres qui entourent le baron.

Un soupir, en se retrouvant dans ce château témoin de ses premières fautes, s'échappe de son cœur; mais un regard jeté sur M. et madame de Saint-Elme le fait expirer sur ses lèvres. Il voit Amicie fière et heureuse en contemplant tour à tour son époux et son fils, et il partage sa noble satisfaction...

Les affaires qui retenaient depuis

près d'un mois madame de Rozamberg loin de Paris se trouvant terminées, elle revint unir ses soins à ceux que l'on prodiguait au baron, et augmenter, par son aimable présence, le nombre des amis qui l'environnaient.

La vie douce et pure que l'on menait au château de Mercourt, l'esprit et la bonté qui distinguaient à un si haut degré ses heureux habitans, finirent insensiblement par faire une heureuse diversion aux chagrins du baron ; et le souvenir de sa coupable nièce s'affaiblit pour faire place à la plus méprisante froideur. Son sort, qui avait si long-temps été l'objet de sa vive sollicitude, lui devint indifférent ; et il lui souhaita des épreuves assez fortes pour la ramener, s'il était possible, dans le chemin de la raison. L'enthousiasme de son âme aimante se reporta entièrement alors sur la jeune et charmante maîtresse de la maison; il lui voua un attachement et une admiration sans bornes, et le fils de cette femme adorée devint l'objet de sa prédilection particulière. Il se promit de surveiller avec soin ses premières impressions, afin de travailler à détruire le germe de l'orgueil, si sa jeune âme était un jour susceptible d'en ressentir l'atteinte.

Madame de Rozamberg fut donc la seule qui prît encore intérêt à Coralie; elle ne pouvait la bannir de son cœur, et le désir de la ramener à ses devoirs lui inspira la pensée de voler sur ses traces. Mais le comte de Rozamberg s'opposa fortement à une semblable démarche, et il y mit une telle résistance qu'elle se vit forcée de renoncer à son projet, et de se contenter de faire des vœux pour sa coupable nièce. Voyons s'ils furent exaucés.

Entraînée par l'exaltation et la vanité qui avaient toujours été les guides de sa vie, Coralie atteignit rapidement et sans accident la petite ville d'Allemagne où elle avait promis à Saint-Alphonse de le rejoindre: aucune réflexion, aucune inquiétude ne vinrent affaiblir ses espérances; et tout entière à la pensée ravissante de parcourir de nouvelles contrées avec un être qui lui paraissait aussi remarquable que ce jeune artiste, elle se livrait sans contrainte à toutes les chimères que lui présentaient sa mobile imagination.

Saint-Alphonse, exact au rendez-vous, attendait Coralie, et leur réunion mit le comble à ses désirs. Plusieurs jours furent employés à visiter les bords enchanteurs du Rhin, et à former mille plans pour l'avenir.

Saint-Alphonse applaudissait à tous les projets de Coralie avec un empressement qui aurait peut-être inspiré quelque défiance à une personne plus prudente et plus réservée; mais elle ne s'occupa point à démêler les motifs d'une pareille conduite, et la prenant pour une marque de dévouement qui la flattait, elle se sentit entraînée à ne voir que par les yeux de son jeune compagnon de voyage ; et sans chercher à étudier ses secrètes intentions, elle s'abandonna sans défiance à l'influence qu'il exerçait sur ses moindres volontés. Mais ce jeune homme cachait sous un extérieur doux et simple un esprit ardent et un cœur corrompu.

Pénétrant, audacieux, adroit et fertile en artifice, il ne prenait pour guide que ses passions, et s'abandonnant à leur empire, tous les moyens lui paraissaient également propres à l'accomplissement de ses projets, et il était impénétrable dans leur exécution. La conquête de Coralie flattait sa vanité; sa fortune lui était nécessaire : il prit aussitôt la résolution de la séduire, et de l'entraîner à quelque démarche hardie qui pût, en la compromettant, la mettre dans sa dépendance. L'imprudente Coralie avait volé d'elle-même au-devant de son sort. Saint-Alphonse ne fut pas plutôt assuré de son empire qu'il en abusa; ses manières devinrent plus aisées, plus familières, et il osa parler de son amour et de ses espérances. Il en parla en maître qui ne doit et ne peut craindre de refus. Les yeux de Coralie s'ouvrirent enfin. Elle était vive, légère, inconsidérée; mais jamais la pensée de manquer à ses devoirs ne s'était offerte à son esprit. L'hommage de Saint-Alphonse l'amusait, ses talens lui étaient agréables et nécessaires; mais l'amour n'était entré pour rien dans le sentiment de préférence qu'elle éprouvait pour lui. La nièce du baron de Mercourt, l'épouse de Charles se réveille alors; elle parle avec la noble indignation qui pénétrait son âme, au misérable qui a si cruellement médité sa perte.

Saint-Alphonse l'écoute avec une froide ironie.

— Vous n'êtes plus, lui dit il, la maîtresse de revenir sur vos pas. Je dois vous avertir que l'éclat que votre disparution a produit en France ne vous laisse plus la possibilité d'y reparaître : les bruits que j'ai su y faire semer avec art, vous y donnent l'apparence des torts que vous craignez si fort de mériter. Vous ne pouvez échapper au blâme; votre réputation est perdue, et si vous êtes sage, vous profiterez des chances de bonheur qui vous restent encore.

Un long saisissement empêche Coralie de répondre ; ses yeux se tournent avec effroi sur celui qui a osé lui faire entendre une aussi accablante vérité.... Est-il vrai que sa réputation soit perdue? qu'a-t-elle donc fait?.... Elle s'interroge; et ne trouvant que de l'imprudence dans sa conduite, elle accuse le monde de prévention et d'injustice. Quelle sera la punition du crime, si l'innocence peut être traitée avec la même rigueur?

Rassurée cependant par le témoignage de sa conscience, elle se persuade que Saint-Alphonse veut l'effrayer; et s'éloignant de lui avec horreur, elle s'enferme dans son appartement, et résiste avec une courageuse fermeté à toutes les tentatives qu'il fit pour la revoir encore.

Le lendemain à son réveil, elle apprit avec joie que Saint-Alphonse était parti. L'insouciance avec laquelle il l'abandonne lui apprend à connaître toute l'atrocité de celui à qui elle a si inconsidérément accordé sa confiance; elle se reproche avec amertume sa conduite, se blâme avec force, et prend enfin la résolution de réparer ses fautes, et de se rendre auprès de Charles. Elle appelle aussitôt sa femme de chambre, et lui ordonne de tout préparer pour son départ.

Cette femme se met en devoir d'obéir; mais en ouvrant les malles de sa maîtresse, elle ne trouve ni ses diamans, ni son or : elle cherche inutilement; tout a disparu. Coralie ne se méprend pas sur l'auteur de ce vol, et sa bouche prononce en frémissant le nom de Saint-Alphonse.

Honteuse d'avoir été si complétement la dupe d'un pareil fripon, elle reste anéantie; son orgueil, son esprit, son cœur sont également blessés en acquérant une aussi humiliante certitude. Que fera-t-elle à présent? Il ne lui reste plus aucun moyen de réaliser ses projets : Saint-Alphonse l'a dépouillée de tout ce qu'elle possédait de plus précieux. Elle se désespère en réfléchissant à la triste situation où elle se trouve réduite, lorsque le maître de l'auberge vient lui présenter son mémoire. Elle y jette les yeux avec inquiétude, et reste confondue en voyant que Saint-Alphonse lui a laissé sa dépense particulière à payer : le total s'élevait à une somme considérable. Elle est forcée de prier l'aubergiste d'attendre quelques jours, afin qu'elle ait le temps de se procurer les fonds nécessaires : il s'éloigne en murmurant, et laisse Coralie dans le plus grand embarras. Elle se consulte avec sa femme de chambre sur les moyens qui lui restent, et n'en trouve pas d'autre que de vendre promptement la plus grande partie de ses effets, et de ne se réserver que ce qui lui est absolument nécessaire. On paie ce que l'on doit à l'auberge, et Coralie se trouve réduite à vivre avec les avances qu'on veut bien lui faire.

Un jour qu'elle promenait ses tristes rêveries dans un bois d'un aspect sombre et mélancolique, situé à peu de distance de la petite ville qu'elle habitait, entraînée par les charmes d'une belle soirée, et par le calme doux et rafraîchissant de l'air qui agitait doucement le feuillage, elle se trouve insensiblement conduite plus loin qu'elle ne croyait. Elle prend au hasard un sentier étroit et solitaire, qui aboutissait à un ravin dont l'approche était défendue par des rochers escarpés et arides : étonnée de la grandeur du spectacle qui se dessine à sa vue, elle s'assied sur un monticule de gazon, et de là cherche à distinguer les beaux points de vue qui l'entourent. L'isolement de sa position, l'incertitude de son sort la plongent dans mille réflexions pénibles, que la solitude contribue à rendre plus accablantes encore. Cette belle, mais sévère nature excite dans son âme de salutaires pensées : elle sent toute la gravité de ses torts. Le souvenir de son oncle qu'elle a si cruellement abandonné à ses souffrances, le souvenir de cette bonne tante qui prit un soin si tendre de sa jeunesse, se retracent à sa mémoire, et des larmes de regrets et d'humiliation viennent inonder son visage. En proie à ces déchirantes sensations, elle ne s'aperçoit pas que la nuit approche : il y avait déjà long temps qu'elle était environnée de ses ombres, lorsqu'un sentiment de frayeur vient la saisir. Elle se lève avec émotion, et marche au hasard; mais c'est en vain qu'elle essaie de retrouver son chemin : elle ne peut plus distinguer les objets qu'avec peine, et la crainte seule double ses forces. Elle hâte le pas, erre long-temps à travers les broussailles; mais plus elle avance, plus elle s'égare. Epouvantée en se voyant à cette heure seule au milieu d'une sombre forêt, son cœur bat avec force, sa tête se trouble, ses genoux fléchissent; elle tombe au pied d'un arbre.

Déjà depuis quelque temps Coralie était étendue sur la terre froide et humide, lorsque le son lent et prolongé d'une cloche vint ranimer ses esprits abattus. Elle se leve avec précipitation, elle écoute; le son devient plus fort et plus distinct: elle ne peut s'y tromper; elle est près d'un monastère. Elevant alors ses regards reconnaissans vers le ciel, elle se laisse guider par ce bruit consolateur, qui devient sa boussole et dirige ses pas.

La lune en éclairant l'horizon découvre à ses regards les murs du couvent qu'elle cherche. Sa position sauvage, le son mélancolique de la cloche, tout porte dans son âme une émotion profonde et religieuse. Elle avance en tremblant; une petite porte cachée par un massif de grands arbres s'offre à sa vue, elle s'en approche, frappe à coups précipités : personne ne lui répond. Elle redouble ; mais rien n'interrompt le profond silence qui l'environne. Elle erre alors autour de cette enceinte sacrée, et découvre enfin ce qu'elle désire, le portail du couvent. Elle sonne ; une voix douce et bienveillante demande qui est là. Coralie expose son embarras ; la porte s'ouvre aussitôt : plusieurs religieuses s'avancent au-devant d'elle, et l'interrogent avec intérêt. On s'empresse de lui procurer tous les secours qu'elle sollicite. Après avoir pris un peu de repos et quelques rafraîchissemens, on la conduit chez l'abbesse qui l'accueille avec une touchante affabilité.

Le récit de Coralie, ses manières nobles et distinguées l'intéressent vivement. Il était trop tard pour la faire reconduire à la ville ; la bonne abbesse lui fait préparer un lit à côté du sien.

L'arrivée de Coralie dans le monastère fut pour ses bonnes religieuses un événement extraordinaire. La solitude profonde dans laquelle vivaient ces pieuses recluses, leur ignorance absolue de tout ce qui tenait aux usages d'un monde auquel elles avaient renoncé, la rendait pour elles un objet d'étonnement. L'élégance de sa parure française, ses grâces, sa beauté, ses manières nobles, leur causaient une vive admiration, et sa singulière arrivée dans le couvent leur semblait tenir du prodige. D'où vient-elle? qui est-elle? Voilà ce qu'on se demandait, sans pouvoir l'expliquer ; et l'incertitude, en laissant un libre essor aux conjectures, répandait sur elle une teinte romanesque qui doublait l'intérêt, en aiguisant la curiosité.

Mais personne ne fut plus frappé que la vieille abbesse des qualités brillantes de Coralie. Elle entendait sa langue ;

elle lui rappelait les personnes de distinction de son pays qu'elle avait vues dans sa jeunesse ; des souvenirs chers et touchans se retraçaient à sa mémoire, et la présence de cette jeune femme avait un attrait puissant pour son cœur.

Coralie était trop adroite pour ne pas profiter de ces favorables dispositions, afin de captiver une femme dont l'amitié et l'influence pouvaient lui être très-utiles. Elle lui fit un récit, arrangé avec art, des circonstances qui la laisaient ainsi sans appui sur une terre étrangère. La bonne abbesse pleura en écoutant sa déplorable histoire, et le désir de lui être utile s'empara de son cœur ; elle lui offrit avec empressement un asile jusqu'à ce qu'elle eût eu le temps de faire prévenir sa famille de sa fâcheuse situation. Coralie reçut avec reconnaissance une hospitalité qui dans sa situation était d'un prix inestimable.

Elle fait aussitôt avertir sa femme de chambre, lui ordonne de payer son hôte, et de vendre les effets qui lui restent, afin de se procurer les fonds nécessaires pour retourner de suite en France, et solliciter de son bon oncle les moyens de l'y faire rentrer. Elle lui remet une lettre touchante pour la comtesse de Rozamberg, et lui recommande la plus grande diligence. Cette femme lui promet de remplir ses intentions avec zèle, et de donner la couleur la plus avantageuse à son imprudente démarche. Coralie, satisfaite de cette assurance, se hâte de la congédier, et revenant aussitôt près de sa respectable protectrice, elle essaie de se rendre agréable par ses talens.

Une harpe, qui depuis long-temps restait oisive et négligée, en résonnant sous ses doigts, excite la surprise et l'admiration de toutes ces bonnes filles. C'est une nouvelle sainte

Cécile, disaient les unes ; c'est un ange déguisé, qui vient pour sanctifier cette maison, disaient les autres : et l'enthousiasme qu'elle inspirait fut porté jusqu'à l'exaltation.

Bientôt les environs du monastère furent informés de la singulière arrivée d'une mystérieuse étrangère, dont les talens et la beauté avaient quelque chose de surnaturel. La curiosité attira la foule ; des offrandes furent envoyées de toutes parts, et Coralie devint, en peu de temps, une source de gloire et de prospérité pour cette sainte maison.

Elle s'était rendue nécessaire à la crédule et bonne abbesse. Ses talens la charmaient ; ses cajoleries l'avaient séduite, et rien ne se faisait plus que par elle. Son crédit devint immense : elle distribuait les récompenses, infligeait les punitions et son caprice décidait souverainement du sort de cette foule de malheureuses enchaînées sous les lois d'une femme vieille et infirme, qui ne voyait que par les yeux de sa belle favorite.

Coralie avait senti la nécessité de déployer une grande sévérité de principes, et soit qu'enfin la voix du ciel eût pénétré jusqu'au fond de son cœur, soit qu'elle voulût par là prévenir la médisance, elle suivait avec une grande assiduité les pratiques de la religion; et lorsqu'elle unissait sa belle voix à celle de ses compagnes, pour chanter les louanges de l'Eternel, on éprouvait une douce et entraînante émotion.

Les erreurs de sa vie n'étant point connues dans ce saint asile, on la regardait comme une jeune néophite, qui renonçait volontairement au monde pour se vouer au service des autels, et qu'un aussi généreux sacrifice rendait digne de l'admiration et du respect de tout ce qui l'environnait.

Cette manière de vivre, si différente de celle qu'elle avait eue jusqu'alors, lui aurait sans doute parue bien dure, si sa vanité n'avait pas été satisfaite.

Telle est la coquetterie!! après nous avoir accoutumés à la flatterie et aux éloges, on ne peut plus revenir à cette vie tranquille et simple qui doit être le désir et le but d'une femme raisonnable : on veut, à quelque prix que soit, perpétuer son empire; et l'on sacrifie à cet impérieux besoin de domination les douceurs d'une existence calme et paisible.

C'est ainsi qu'entraînée par l'impression qu'elle produisait dans le monastère, Coralie se persuada que c'était le seul lieu où elle pût rencontrer le bonheur.

Sa position romantique et sauvage, les promenades solitaires qu'offraient ses environs, contribuaient a entretenir les rêveries de son ardente imagination. Elle passait des heures entières, assise au pied d'un arbre, à contempler cette nature imposante; elle enviait le sort de ceux qui loin du monde pouvaient doucement terminer leur carrière au milieu de cette majestueuse solitude; et se retraçant les circonstances singulières de sa vie:

— Hélas! disait-elle, à quoi m'ont servi ces brillans avantages que l'on a si fort prisés en moi, puisqu'ils ne peuvent rien pour mon bonheur? A quoi m'ont servi l'admiration et l'empressement d'une foule insensée, dont l'enivrant hommage ne peut aujourd'hui que me rendre plus sensibles l'isolement et l'oubli? Ici mes idées ne sont plus étouffées par ces vapeurs méphitiques qu'on respire au milieu de cette foule importune qui remplit les salons, et qu'on appelle *société*. Mes oreilles ne sont plus étourdies de cet insipide bourdonnement, auquel on donne le titre pompeux de conversation. Et qu'offre donc le monde ? Une réunion d'êtres que le besoin et l'oisiveté rapprochent, et que l'amitié, ni même la bienviellance n'attirent autour de vous. Vous y voyez des hommes qui se croient grands, parce qu'ils sont seulement élevés ; et si parfois quelques personnes remarquables par leur esprit, leurs talens et leurs lumières, viennent à percer cette foule vulgaire, c'est alors que la médisance ou la calomnie travaille sourdement et dans l'ombre à ternir leur éclat, et embarrasser leur route ; ce n'est pas là, je le sens, notre véritable destination. J'ai vainement cherché la mienne ; elle est ici.....

Les regards de Coralie se tournent alors vers le monastère. Les rochers nus et sauvages qui lui servent de remparts, le chemin rapide et tortueux qui y conduit, l'entrée de ce bois mystérieux et sombre qui le dérobe à l'œil des profanes, tout porte dans son âme une émotion nouvelle et profonde : elle se sent dégagée par la pensée des choses de la terre ; elle n'est plus qu'avec le ciel. Il lui semble alors entendre murmurer, sous ce feuillage religieux et solitaire, ces paroles prophétiques : *Tu n'en sortiras pas ;* et confondant peut-être un triste pressentiment avec les inspirations secrètes d'une véritable vocation, elle s'agenouille en répétant avec enthousiasme : *Je n'en sortirai pas !*

C'est ainsi qu'après avoir inutilement couru après les trompeuses illusions de la vanité, et n'avoir rencontré que des humiliations et des peines, Coralie, jeune encore, se trouve par un déplorable enchaînement de circonstances, conduite à s'exiler d'un monde qu'elle ne pouvait habiter que sous l'influence orageuse des passions. Une vie noble, simple, n'ayant que la raison pour guide, ne pouvait contenter son imagination, le silence d'un cloître lui semble préférable....

Voyons si la route qu'à suivie Amicie n'était pas plus conforme à la nature et à la dignité de son sexe.

Entourée des objets de sa tendresse, chérie de sa famille et du plus parfait des époux, elle allait pour la seconde fois devenir mère.

—Si c'est une fille, disait Saint-Léon, elle sera l'épouse de mon fils.

—Si c'est un fils, reprenait vivement le baron, je le tiendrai sur les fonts de baptême, et je l'appellerai Charles.

Amicie, fière et heureuse de cet empressement, souriait à ses amis, en attendant avec reconnaissance le nouveau présent que le ciel lui destinait. Ce fut au milieu de ces touchans débats qu'elle donna le jour à un second fils.

Le baron de Mercourt le prit aussitôt dans ses bras en le saluant du nom de Charles. Un sourire mélancolique vint errer sur les lèvres de M. de Saint-Elme; un soupir s'échappe de son sein, et c'est avec un triste empressement qu'il accepte pour son fils un nom qui lui est si cher. Il fut convenu que l'on attendrait le rétablissement d'Amicie pour le faire consacrer par la religion. Une quinzaine de jours suffirent à cette heureuse mère pour qu'elle fût en état d'accompagner son fils au pied des autels.

Madame de Rozamberg et le baron de Mercourt tinrent le nouveau-né sur les fonts de baptême; mais au moment où le baron s'avance pour lui donner le nom de Charles, une émotion extraordinaire s'empare de ses sens; de douloureuses larmes inondent sa noble physionomie; son cœur se serre; et il reste devant l'autel immobile et glacé...

Etonné lui-même de son agitation, il ne sait comment l'expliquer. Il s'efforce de rappeler son courage; sa langue indocile ne peut proférer aucun son; le nom de Charles expire sur ses lèvres tremblantes, et la cérémonie s'achève sans qu'il lui ait été possible de ranimer ses esprits abattus et troublés.

On était à la fin des beaux jours: ils n'avaient pas encore perdu tout leur éclat; le soleil couchant réfléchissait un reste de ses rayons purs et brillans sur le château de Mercourt. Le petit Charles, entouré de son heureuse famille, reposait sur les genoux de son noble parrain, dont le regard s'était arrêté avec attendrissement sur lui. Les croisées du salon étaient ouvertes sur une magnifique terrasse qui dominait les campagnes environnantes, et découvrait un immense horizon; sur la gauche se dessinait la route de Paris : tout à coup un nuage de poussière s'y fait remarquer; tous les yeux se fixent de ce côté. Bientôt il se dissipe en s'approchant, et l'on distingue les pas précipités d'un cheval au galop; celui qui le dirige semble l'exciter à la course; il fend l'air, et bientôt il entre dans la cour du château. *C'est un courrier*, répètent en même temps plusieurs voix. A l'aspect de cet homme couvert de poussière, et dont les traits sont altérés par la fatigue, le baron fait un mouvement de surprise; M. de Saint-Elme retombe sur son siége en pâlissant. Amicie s'avance seule au-devant du courrier : elle n'ose l'interroger; une secrète terreur la saisit en recevant une petite cassette qu'il se hâte de lui présenter. Elle est adressée à M. de Saint-Elme; un crêpe noir l'enveloppe... Amicie hésite;

elle voudrait dérober ce message aux regards de son époux : il n'est plus temps. La casette est déjà dans ses mains ; il en rompt les liens ; un écrit se présente : tous les yeux sont fixés avec une inquiète curiosité sur M. de Saint-Elme, et l'on attend dans un morne silence qu'il en fasse connaître le contenu... Il saisit d'une main tremblante et lit en frémissant la lettre suivante.

Lettre de Charles à M. de Saint-Elme.

Du camp de..... 27 août.

« C'est à vous, mon noble et géné-
« reux ami, que j'adresse les der-
« nières pensées, les derniers vœux
« de Charles..... de ce Charles que
« vous avez aimé comme on aime un
« fils, et dont l'inconcevable destinée
« fut de porter le trouble et la déso-

« lation dans le sein de tous les êtres
« qui prirent intérêt à son sort....
« Hélas ! pouvait-il être heureux ce-
« lui dont la funeste naissance avait
« attiré sur les auteurs de ses jours
« la malédiction paternelle ?.... et ne
« devait-il pas tomber à son tour sous
« le poids de ce terrible anathême ?...
« Mon sort est accompli.

« Qu'une larme vienne humec-
« ter votre paupière en retrouvant
« dans cet écrit la certitude que rien
« n'a pu altérer les premières affec-
« tions de mon âme ; une fatale légè-
« reté, une mobilité d'imagination,
« que je n'ai jamais cherché à vaincre,
« sont la cause de mes malheurs... Je
« n'en accuse que moi.... O ! mon
« oncle ! mon cher et respectable
« bienfaiteur, que le souvenir de
« Charles ne vous fasse éprouver ni
« repentir, ni regrets ; vous crûtes
« assurer mon bonheur. Hélas ! il ne
« peut exister que par la vertu. J'ai

« méconnu ses lois : ma punition est « juste ; mais si la conduite de votre « coupable neveu a fait rougir votre « front vénérable et chéri, relevez-le « maintenant avec orgueil ; les palmes « de la gloire immortaliseront le nom « de Charles, et les lauriers de la vic- « toire viendront parer sa tombe...

« O vous, qui possédez le seul bien « réel de la vie, une épouse estimable « et sensible, magnanime Saint-Elme, « jouissez de votre bonheur : jouis- « sez-en sans trouble et sans mé- « lange ; que le souvenir d'un infor- « tuné qui ne méritait pas la tendre « affection dont vous lui avez donné des « preuves si touchantes, ne vienne « point en affaiblir l'expression. Soyez « heureux : oubliez Charles, oubliez un « ingrat qui ne doit obtenir ni indul- « gence, ni pardon. Que dis-je ? Ah ! « ne le bannissez pas de votre cœur ; « il réclame un regret. ... L'amour s'é- « teint, lorsque celle qui l'inspire n'a

« rien qui le justifie ; mais il accom-
« pagne au tombeau l'homme assez
« malheureux pour n'avoir pas su se
« rendre digne de l'être rare et cé-
« leste qui lui avait consacré ses plus
« doux sentimens... Que le remords
« qui suit de semblables erreurs est
« affreux ! Rien dans la nature n'a le
» pouvoir de l'adoucir, et la mort est
« le seul bienfait qu'il ose lui deman-
« der....... Le canon gronde....... la
« gloire m'appelle : je vole au com-
« bat........ J'ai placé sur mon cœur
« le dernier présent d'Amicie, ce
« mouchoir cher et fatal qui re-
« çut la première expression de mes
« sentimens, et qui va recueillir
« la dernière. . . . .
« . . . .

« *P. S.* La bataille est gagnée... mes
« pressentimens ne m'avaient pas
« trompé..... La balle a frappé près du
« cœur...... mon sang coule sur ce

« mouchoir...... Amicie . .. conserve-
« le toujours...... ma mort l'a pu-
« rifié ... Le tombeau s'ouvre, Charles
« y descend..... Ma main tremble.......
« mes idées s'obscurcissent..... ma vue
« s'éteint. Un nuage m'environne...
« une image s'y dessine........ c'est en-
« core....., Amicie. . . . . »

Un gémissement sourd et prolongé retentit sous les voûtes du château de Mercourt. Cette lettre déchirante s'échappe des mains de M. de Saint-Elme, et vient tomber aux pieds d'Amicie. La douleur et l'effroi se peignent sur tous les visages, des larmes coulent de tous les yeux; Charles n'est plus.

Amicie, pâle et belle de son émotion, s'avance jusqu'à la boîte fatale: sa main retire en frémissant le mouchoir ensanglanté.... il en tombe un portrait, et une rose fanée, liée par un ruban bleu..... Que de souvenirs se déroulaient aux regards d'Amicie !... Ce portrait tracé sous les arbres de la vallée...... cette rose desséchée qui avait paré sa tête, ce petit ruban bleu égaré en dansant sous les grands châtaigniers... quelques jours de bonheur, des années de peine... et puis la mort ..

Le baron frémit; M. de Saint-Elme s'éloigne avec horreur, et tous les témoins de cette épouvantable scène restent immobiles en contemplant Amicie.

Les yeux de madame de Saint-Elme parcourent avec saisissement ces douloureux objets; mais les réunissant aussitôt, elle les enferme, les entoure du crêpe funèbre, et remet avec fermeté la boîte à son époux.

— Conservez, lui dit-elle, ces déplorables monumens de la faiblesse humaine. Puissent-ils prouver un jour à nos enfans, que si l'amour, soumis à la raison et à la vertu, est le plus doux et le plus ravissant des sentimens, il n'est plus, lorsqu'il abandonne ces guides sacrés, qu'une malheureuse et triste folie.

A ces mots, les larmes qui inondaient la figure du baron cessent de couler; ses regards se fixent avec une respectueuse admiration sur cette jeune femme, qui trouve ainsi dans sa raison et dans sa parfaite sagesse la force de triompher de la plus douloureuse des situations.

Saisissant alors avec vivacité l'enfant qui sommeille près de lui, le baron l'élève vers le ciel en s'écriant:

— Du séjour céleste que tu habites, jette un regard sur le tableau que t'offre en ce moment le château de tes pères. Charles, vois cet enfant, l'enfant de ton Amicie, celui du noble et généreux Saint-Elme.... c'est en ton nom que je l'adopte. Il sera l'héritier de celui que j'ai moi-même précipité dans la tombe. Hélas! puisse cette adoption solennelle et sacrée expier ma faute et consoler tes mânes! O trop infortunée victime de l'orgueil, pardonne!.. que le fils d'Amicie soit médiateur entre le ciel et moi......

Amicie, Saint-Elme, tous ceux qui environnent le baron tombent à genoux, et par un élan irrésistible, tous, les bras élevés vers le ciel, semblent implorer son appui pour le jeune enfant; et pour le malheureux vieillard, l'oubli du passé.

FIN DU QUATRIÈME ET DERNIER VOLUME.

IMPRIMERIE DE D'HAUTEL.

www.ingramcontent.com/pod-product-compliance
Ingram Content Group UK Ltd.
Pitfield, Milton Keynes, MK11 3LW, UK
UKHW022055190726
13855UKWH00002B/511

9 782013 038874